Congresso Brasileiro
Beatriz Rey

7º

Congresso Brasileiro
Beatriz Rey

70

MYNEWS EXPLICA CONGRESSO BRASILEIRO
© Almedina, 2024
AUTORA: Beatriz Rey

DIRETOR DA ALMEDINA BRASIL: Rodrigo Mentz
EDITOR: Marco Pace
EDITORA DE DESENVOLVIMENTO: Luna Bolina
PRODUTORA EDITORIAL: Erika Alonso
ASSISTENTES EDITORIAIS: Laura Pereira, Patrícia Romero e Tacila Souza

REVISÃO: Juliana Pavoni
DIAGRAMAÇÃO: Almedina
DESIGN DE CAPA: Roberta Bassanetto

ISBN: 9786554272544
Maio, 2024

Dados Internacionais de Catalogação na Publicação (CIP)
(Câmara Brasileira do Livro, SP, Brasil)

Rey, Beatriz
Mynews explica o congresso brasileiro /
Beatriz Rey. – São Paulo : Edições 70, 2024. –(Mynews explica)
ISBN 978-65-5427-254-4
1. Brasil. Congresso Nacional 2. Poder legislativo - Brasil - Congressos I. Título
II. Série.

24-201640   CDD-328.81

Índices para catálogo sistemático:

1. Brasil : Congresso Nacional : Ciência política 328.81
Cibele Maria Dias - Bibliotecária - CRB-8/9427

Este livro segue as regras do novo Acordo Ortográfico da Língua Portuguesa (1990).

Todos os direitos reservados. Nenhuma parte deste livro, protegido por copyright, pode ser reproduzida, armazenada ou transmitida de alguma forma ou por algum meio, seja eletrônico ou mecânico, inclusive fotocópia, gravação ou qualquer sistema de armazenagem de informações, sem a permissão expressa e por escrito da editora.

EDITORA: Almedina Brasil
Rua José Maria Lisboa, 860, Conj.131 e 132, Jardim Paulista | 01423-001 São Paulo | Brasil
www.almedina.com.br

Apresentação

Zelar pela informação correta, de boa qualidade e com fontes impecáveis é missão do jornalista. E nós, no MyNews, levamos isso muito a sério. No século 21, nosso desafio é saber combinar as tradicionais e inovadoras mídias criando um caldo de cultura que ultrapassa barreiras.

A nova fronteira do jornalismo é conseguir combinar todos esses caminhos para que nossa audiência esteja sempre bem atendida quando o assunto é conhecimento, informação e análise.

Confiantes de que nós estaremos sempre atentos e vigilantes, o MyNews foi criado com o objetivo de ser plural e um hub de pensamentos que serve como catalisador de debates e ideias para encontrar respostas aos novos desafios, sejam eles econômicos, políticos, culturais, tecnológicos, geopolíticos, enfim, respostas para a vida no planeta nestes tempos tão estranhos.

A parceria com a Almedina para lançar a coleção MyNews Explica vem de uma convergência de propósitos.

A editora que nasceu em Coimbra e ganhou o mundo lusófono compartilha da mesma filosofia e compromisso com o rigor da informação e conhecimento. É reconhecida pelo seu acervo de autores e títulos que figuram no panteão de fontes confiáveis, medalhões em seus campos de excelência.

A coleção MyNews Explica quer estar ao seu lado para desbravar os caminhos de todas as áreas do conhecimento.

MARA LUQUET

Sumário

Apresentação.................................. 5
Introdução.................................... 11
Breve história do Legislativo e do Congresso brasileiro 15
A organização do Congresso brasileiro............. 23
O processo legislativo: como se fazem as leis?........ 37
O Congresso, representação política e prestação
de serviços.................................... 79
O Congresso e a fiscalização do Executivo.......... 93
O Congresso hoje.............................. 101

Agradecimentos

Este livro não seria possível sem as contribuições de todos os parlamentares e funcionários legislativos que conheci nos últimos anos e que me ensinaram tanto sobre o Congresso brasileiro.

Agradeço também a Lucieni Pereira, presidente da Associação de Controle Externo do Tribunal de Contas da União (AudTCU), Rodrigo Faria, gestor público federal e doutor em direito financeiro pela Universidade de São Paulo, e Wagner Cabral, atual assessor da presidência da Petrobrás e ex-assessor parlamentar no Senado Federal, pelas discussões que tanto acrescentaram ao material que apresento aqui.

Este é um livro sobre o meu amor ao Legislativo. Entre mestrado e doutorado, foram quase dez anos estudando o tema, que continuo a pesquisar, agora como pós-doutoranda na Universidade de São Paulo. Trabalhando com a Fundação POPVOX, nos Estados Unidos, mantenho contato diário com quem trabalha no Legislativo em diversos países.

Estou no melhor de dois mundos: um pé no meio acadêmico, outro pé no mundo real. Por isso, só tenho a agradecer. Aos irmãos de vida, Beatriz, Daniela, Julia, Juliana e Rafael, pelo amor incondicional. À minha família de sangue – Arthur, Carlos, Cristina, Guilherme e Talissa – pelo amor sobre-humano. Ao Bob, o meu cachorro, pelo amor companheiro. Aos meus sobrinhos, Isabela e Pedro, pelo amor puro e inspirador. E ao meu falecido avô, Ernesto, o nosso Bolão, pelo amor leal. E por ele ter voltado ao curso supletivo para tirar o diploma de ensino médio aos 50 anos. O livro é para ele.

Introdução

Eu amo o Congresso brasileiro. Decidi começar este livro contando a história deste amor tão improvável. Trabalhei como jornalista durante dez anos antes de me tornar cientista política. Ao fazer uma reportagem sobre a violência nas escolas, encontrei um projeto de lei de autoria do senador Paulo Paim que buscava soluções para este problema. Na justificativa do texto, Paim escreveu sobre o ex-ministro da Educação Darcy Ribeiro, cujo amor ao Brasil se materializou no projeto de escolas integrais. O senador usou a experiência dessas escolas como inspiração para "reforçar os princípios das relações humanas" presentes em um inciso da Lei de Diretrizes e Bases da Educação (LDB). A paixão ao Congresso aconteceu ali, à primeira vista.

A possibilidade de solucionar alguns dos problemas do país com a letra e o rito me encantou. O jornalista português José Estevão Coelho de Magalhães definiu o termo "legislar" como "dar remédio às necessidades do tempo". Para mim, o Legislativo é bonito justamente porque cria espaços de mudança social dos quais podemos participar ativamente. Um dos objetivos deste livro é transmitir um pouco do meu encantamento pelo Congresso, com a esperança de que esse sentimento motive o leitor a acompanhar (e, quem sabe, participar do) trabalho legislativo como um todo. Como explicarei nos capítulos seguintes, a nossa participação não precisa parar no momento da eleição dos parlamentares.

O trabalho legislativo é, na verdade, o nosso próprio trabalho, e não somente o trabalho dos parlamentares. Há uma cena no seriado dinamarquês *Borgen* em que um parlamentar diz para a primeira-ministra da Dinamarca: "nós esquecemos que os projetos de lei somos nós. As leis somos nós. Nó somos as leis". Mas o que significa dizer que as leis somos nós ou que nós somos as leis? As leis são instrumentos criados para guiar o comportamento dos próprios seres humanos. O que aconteceria se morássemos em um país no qual não houvesse limite de velocidade nas estradas? Cada um poderia dirigir como quisesse. Afinal, cada pessoa só estaria preocupada com o próprio bem-estar, sem levar em consideração a possibilidade de causar acidentes de trânsito ou até mesmo provocar a morte de outras pessoas. O limite de velocidade existe para evitar a barbárie no trânsito. Da mesma maneira, as leis são os compromissos que fazemos com nós mesmos para sair do que Thomas Hobbes chamava de "o estado de natureza" – o estado em que a vida é "solitária, pobre, sórdida, brutal e curta." Em outras palavras: anárquica. Criamos as leis para regular as relações humanas, para que possamos viver em uma sociedade mais harmônica.

Mas se sem as leis os seres humanos estão só preocupados com a própria autopreservação, como é possível que eles se reúnam para criar leis? Aqui está a beleza da política, em especial a beleza do Legislativo, essa instituição pela qual tenho tanto carinho e que tem papel fundamental de criar leis que visam a regular a vida em sociedade. É praticamente um milagre que 513 deputados ou 81 senadores se juntem para tomar decisões majoritárias no plenário da Câmara dos Deputados ou no Senado, mas isso acontece quase diariamente.

Neste livro, vou discutir como isso é possível. É verdade que há casos em que tais compromissos acontecem em contextos levianos ou ilegais. Mas eu espero mostrar que há também casos em que os deputados negociam e firmam compromissos em busca de soluções para problemas sociais. Como fez Paulo Paim no caso citado, com o projeto de lei que me encantou.

Nos últimos anos, acompanhei de perto o trabalho de parlamentares de diversos partidos e estados, em Brasília e nas suas bases eleitorais. Espero familiarizar o leitor com a rotina dos deputados e senadores, que usam quatro chapéus diferentes ao longo de suas semanas de trabalho, um para cada atividade parlamentar: formulação de políticas públicas, representação política, prestação de serviços aos eleitores e fiscalização do Executivo.

O discurso antipolítica tomou conta da sociedade brasileira na última década. Além de explicar o funcionamento do Congresso brasileiro, este livro também busca retomar o apreço por este tema tão importante. A política pode ser suja, complicada, frustrante, mas, diante da alternativa (o cenário de anarquia descrito por Hobbes), ela é a nossa única saída para conviver em sociedade. É através da política que podemos firmar compromissos uns com os outros. E o Legislativo é onde ela mais aparece com clareza – para o bem e para o mal.

1. Breve história do Legislativo e do Congresso brasileiro

Antes de explicar o funcionamento do Congresso brasileiro, levo o leitor por uma viagem na história dos legislativos. No século oito a. C., as assembleias gregas eram chamadas de *agora*, termo que significa "reunir junto". A *agora* era tão importante no cotidiano urbano das vilas e cidades gregas que o poeta Homero chamava de "sem lei" as comunidades onde ela não existia.[1] A assembleia de que mais se tem registro histórico é a Ecclesia ateniense. A Ecclesia era formada por homens maiores de 18 anos, tinha procedimentos fixos e tomava até decisões sobre políticas públicas. Assembleias semelhantes existiram também no Império Romano.[2]

---

[1] Sobre as assembleias gregas, recomendo o artigo "Agora in the Greek World", de A. Lindenlauf, publicado em 2014 e disponível no *link* https://doi.org/10.1007/978-1-4419-0465-2_1428. Acesso em: 25 de março de 2024.

[2] A referência é o verbete "Ecclesia" na Encyclopedia Britannica, disponível no *link* https://www.britannica.com/topic/Ecclesia-ancient-Greek-assembly. Acesso em: 25 de março de 2024.

Um dos primeiros corpos legislativos modernos de que se tem notícia foi formado na Islândia em 930 a.C. Intitulado Althing, o parlamento islandês surgiu quando 32 clãs vikings decidiram discutir seus problemas em uma assembleia ao invés de brigar para resolvê-los (ainda que algum nível de disputa física continuasse a ocorrer naquele espaço). O Althing conseguiu resolver esses embates de maneira diplomática. Ao mesmo tempo em que era uma instituição avançada para a época, que concedeu até divórcios para mulheres infelizes em seus casamentos, o Althing frequentemente julgava e condenava mulheres consideradas bruxas.[3]

O primeiro parlamento britânico se reuniu em 1215, com a criação da Magna Carta. Antes dela, havia dois tipos de conselhos de governo anglo-saxões. O Witan reunia líderes religiosos, proprietários de terra e conselheiros escolhidos pelo rei para aconselhá-lo em questões sobre o Estado, impostos e assuntos políticos. No nível local, os Moots eram encontros de bispos locais, nobres, xerifes e plebeus, que representavam seus condados. Essas duas instituições funcionaram intermitentemente até o momento em que os barões ameaçaram se rebelar contra a política tarifária e externa do Rei João. A Magna Carta estabeleceu o império da lei no país, especificando os direitos dos barões como consultores do rei em seu Grande Conselho, que foi chamado de Parlamento pela primeira vez em 1236.

Até 1649, o Parlamento britânico era uma organização temporária e sem poderes decisórios. Além disso, o rei podia dissolvê-lo a qualquer momento. O Parlamento só se tornaria uma instituição política como a conhecemos hoje no final

---

[3] Ver o *link* https://guidetoiceland.is/travel-iceland/drive/althingi-parliament. Acesso em: 12 de dezembro de 2023.

da Guerra Civil, em 1651. A promulgação da Lei Trienal naquele ano institucionalizou o Parlamento, aumentando também o controle legislativo sobre a coleta de impostos.[4]

Os colonizadores que chegaram aos Estados Unidos implementaram no país as práticas legislativas britânicas. O primeiro legislativo norte-americano foi uma espécie de Câmara dos Deputados colonial – a House of Burgesses da Virginia, criada em 1619. Essa foi uma das Câmaras coloniais que existiram no país antes de sua independência em 1776. O Congresso Continental de 1774 reuniu representantes de todas as colônias para elaborar a Constituição que vigora até hoje. Em Portugal, a Constituição de 1975 foi concebida dentro de uma Assembleia Constituinte instalada após o fim do período ditatorial do Estado Novo. A Constituição criou o sistema semipresidencialista, no qual o primeiro-ministro eleito pela Assembleia da República (a única casa legislativa do país) compartilha o poder com o presidente da República. Ou seja: na era moderna, os legislativos gestam estados-nações.

Assim, o Estado brasileiro tem a sua origem na Assembleia Geral, Constituinte e Legislativa do Império do Brasil. Instalada em 3 de maio de 1823, a Assembleia contou com 88 deputados eleitos nas províncias do território brasileiro (5 dos quais não assumiram o mandato). Quem os elegeu foram homens que atendiam critérios de renda anual mínima, eram propriedades de terra ou de certas quantidades de mandioca plantada. Entre eles, havia padres, matemáticos, médicos, militares e juízes. Uma das primeiras tarefas dos deputados foi a elaboração de um regimento interno

---

[4] A cientista política Sheri Berman faz uma excelente revisão da história do Parlamento britânico no livro *Democracy and Dictatorship in Europe – From the Ancien Régime to the Present Day*, publicado pela editora Oxford University Press em 2019.

provisório, que estabeleceu as regras de funcionamento da própria Assembleia. Os deputados se reuniram em 148 sessões durante seis meses para elaborar a primeira Constituição do país. Durante esse período, a Assembleia recebeu petições, requerimentos e representações de pessoas ao redor do país.

O processo legislativo de 1823 seguiu seu curso até a relação da Assembleia com o imperador D. Pedro I azedar. O projeto de Constituição elaborado pelos deputados previa limitação do poder do monarca e a submissão das Forças Armadas ao poder Legislativo. D. Pedro I não aceitou as mudanças e dissolveu a Assembleia, mandando prender e exilar alguns deputados. A Constituição de 1824 acabou sendo elaborada por um Conselho de Estado criado pelo imperador. O artigo 14 daquela Constituição foi o primeiro documento a instituir a estrutura bicameral que está em vigor até hoje. A definição de poder Legislativo como a conhecemos – na qual o Congresso Nacional é composto pela Câmara dos Deputados e o Senado – foi determinada pela Constituição de 1891.[5]

O fechamento da Assembleia Geral, Constituinte e Legislativa do Império por D. Pedro I foi o primeiro de 18 fechamentos ou dissoluções do Legislativo ao longo da história brasileira. Só D. Pedro II fechou o Legislativo brasileiro 11 vezes. Mesmo a proclamação da República não foi capaz de conter o ímpeto autoritário dos imperadores ou presidentes. O marechal Deodoro da Fonseca, primeiro presidente republicano, fechou o Congresso em 1891 com a justificativa de que o seu desaparecimento serviria à "felicidade do

---

[5] A Constituição de 1934 determinou que o Poder Legislativo seria exercido predominantemente pela Câmara dos Deputados, com a colaboração do Senado. Depois do Estado Novo, a Constituição de 1946 trouxe de volta o conceito de Poder Legislativo formado por um Congresso Nacional com Câmara dos Deputados e Senado.

Brasil". Fonseca, que não conseguiu passar suas reformas econômicas pelo Congresso, acabou renunciando no mesmo ano. O presidente Getúlio Vargas fechou o Congresso duas vezes – na primeira, foi forçado pela Revolução Constitucionalista de 1932 a reabri-lo; na segunda, em 1937, instaurou a ditadura do Estado Novo, durante a qual o Legislativo ficou fechado por nove anos. Para Vargas, o Congresso "nada fazia e criava dificuldades às iniciativas do governo."[6]

O Congresso também foi fechado três vezes durante o mais recente período ditatorial brasileiro: o regime militar (1964-1985). Os marechais Castelo Branco e Costa e Silva viram o Congresso como um incubador de ideologias contrárias ao regime. Já o general Ernesto Geisel reagiu à rejeição de uma emenda constitucional pelos parlamentares com o fechamento do Legislativo. Mais recentemente, o ex-presidente Jair Bolsonaro promoveu ataques duros ao Congresso, principalmente durante os dois primeiros anos de seu mandato, durante os quais Rodrigo Maia, então presidente da Câmara dos Deputados, não era alinhado ao seu governo. Em 2020, Bolsonaro chegou a acusar Maia de criar uma "bomba-relógio fiscal" para "ferir de morte a sua gestão".[7] Em 8 de janeiro de 2023, o Congresso foi atacado pelos apoiadores de Jair Bolsonaro, que invadiram e depredaram a Câmara dos Deputados e o Senado para protestar contra a eleição presidencial de Luiz Inácio Lula da Silva. As imagens da invasão mostram vidros quebrados, obras de arte destruídas, móveis danificados e até incêndio nos arredores do Congresso.

---

[6] Pronunciamento feito por Getulio Vargas em rádio, segundo o Arquivo da Câmara dos Deputados, disponível no *link* https://www.camara.leg.br/noticias/545319-parlamento-brasileiro-foi-fechado-ou-dissolvido-18-vezes/. Acesso em: 25 de março de 2024.

[7] "Bastidores: Bolsonaro acha que Maia ligou 'bomba-relógio' e o Congresso prepara o troco", *Estado de S. Paulo*, Vera Rosa, 17 de abril de 2020.

Os invasores, provavelmente, passaram pela imagem de Ulysses Guimarães com a Constituição de 1988 em mãos estampada em uma parede da Câmara dos Deputados. Guimarães foi o presidente da última Assembleia Constituinte do país, responsável pela elaboração da Constituição em vigor até hoje. O artigo 44 estabelece que o poder Legislativo é exercido pelo Congresso Nacional, composto pela Câmara dos Deputados e pelo Senado. A Constituição dita os sistemas eleitorais para a eleição dos parlamentares em cada casa legislativa, as atribuições do Congresso como um todo, da Câmara e do Senado e dos deputados e senadores. Também especifica as regras gerais de funcionamento do Congresso, incluindo as sessões, comissões e o processo legislativo.

No discurso que fez por ocasião da promulgação da Constituição, Ulysses Guimarães disse:

> A Constituição não é perfeita. Ela própria o confessa, ao admitir a reforma. Quanto a ela, discordar, sim. Divergir, sim. Descumprir, jamais. Afrontá-la, nunca. Traidor da Constituição é traidor da Pátria. Conhecemos o caminho maldito: rasgar a Constituição, trancar as portas do Parlamento, garrotear a liberdade, mandar os patriotas para a cadeia, o exílio, o cemitério. A persistência da Constituição é a sobrevivência da democracia.

O discurso associa o fechamento do Congresso ao "caminho maldito" do regime autoritário, que precedeu a Assembleia Constituinte. A promessa da Constituição de 1988 é democrática e, para que essa promessa se concretize, é preciso entender o funcionamento das instituições que compõem a democracia brasileira.

Este livro se dedica a explicar o funcionamento do poder Legislativo brasileiro, que tem quatro funções primordiais: legislar (capítulo 3), representar e prestar serviços aos eleitores (capítulo 4) e fiscalizar o Executivo (capítulo 5). O último capítulo (6) discute o Congresso hoje. Como o entendimento da organização do Legislativo é fundamental para a compreensão dessas dimensões, o próximo capítulo (2) tratará desse assunto.

2. A organização do Congresso brasileiro

Quem já foi a Brasília conhece o conjunto arquitetônico do Congresso Nacional, que desponta no horizonte da cidade. Concebido pelo urbanista Lucio Costa e executado pelo arquiteto Oscar Niemeyer, o conjunto tem duas cúpulas em posição invertida, que abrigam e representam os plenários da Câmara dos Deputados e do Senado, onde se tomam decisões importantes no âmbito nacional. A isso damos o nome de processo legislativo: o processo através do qual se fazem as leis para resolver os problemas sociais de um país.

A Câmara dos Deputados e o Senado compõem o Congresso, que exerce o poder Legislativo no Brasil. A Câmara tem 513 deputados com mandatos de quatro anos. Já o Senado possui 81 senadores com mandatos de oito anos. Há uma diferença fundamental entre os deputados e os senadores brasileiros, que merece explicação à parte: os primeiros são eleitos através do sistema proporcional de lista aberta (com a magnitude do distrito eleitoral variando entre 8 e 70), enquanto os segundos são eleitos através do sistema majoritário (com a magnitude do distrito eleitoral fixa em três). Mas o que isso significa em português claro?

O cientista político Jairo Nicolau chama de sistema eleitoral o conjunto de normas que define como o eleitor poderá fazer suas escolhas e como os votos serão contabilizados para serem transformados em mandato.[1] No Brasil, o distrito eleitoral (ou seja, a unidade territorial onde os votos são contabilizados) são os estados e o DF. Enquanto cada estado pode eleger três senadores, o número de deputados que cada estado pode eleger varia entre 8 e 70. Isso porque os deputados são eleitos em número proporcional ao da população de cada estado e do DF. Dessa maneira, São Paulo, o estado mais populoso, elege 70 deputados; já o Acre, Amazonas, Amapá, DF, Mato Grosso do Sul, Mato Grosso, Rondônia, Rio Grande do Norte, Roraima, Sergipe e Tocantins, estados menos populosos, elegem 8 deputados cada um.

No sistema proporcional de lista, que elege os deputados brasileiros, os partidos políticos apresentam as suas listas de candidatos. Independentemente do estado, os eleitores têm duas opções no dia da eleição: ou votam "na legenda" ou votam em um candidato de sua preferência. Isso porque o sistema proporcional que elege os deputados brasileiros é de lista aberta, com a opção de voto no partido político.[2] Os eleitores que votam na legenda direcionam os seus votos aos candidatos mais votados de cada partido político.

---

[1] Sobre sistemas eleitorais, recomendo o livro *Sistemas Eleitorais*, de Jairo Nicolau e publicado pela FGV Editora em 2012, que explica e compara os sistemas eleitorais adotados por diversos países no mundo.

[2] O artigo 59 da Lei 9.504/1997 estabelece que "na votação para eleições proporcionais, serão computados para a legenda partidária os votos em que não seja possível a identificação do candidato, desde que o número identificador do partido seja digitado de forma correta."

O método através do qual os votos são transformados em cadeiras na Câmara dos Deputados está fora do escopo deste livro. Para quem deseja entender o sistema eleitoral proporcional de lista aberta brasileiro, recomendo o livro *Representantes de quem? Os (des)caminhos do seu voto da urna à Câmara dos Deputados*, de Jairo Nicolau, publicado em 2017 pela Editora Zahar.

Os senadores também são eleitos por estado ou pelo DF, mas por meio do sistema eleitoral majoritário, no qual o candidato que recebe mais votos no estado em que concorre é eleito. Apesar de o mandato dos senadores ser de oito anos, as eleições para o Senado acontecem também de quatro em quatro anos. A cada eleição, o Senado renova um terço e dois terços de suas cadeiras (alternadamente).

Os deputados e senadores que chegam à Brasília se deparam com estruturas organizacionais relativamente semelhantes na Câmara e no Senado (e do Congresso Nacional, quando as duas casas atuam conjuntamente). Os trabalhos legislativos são organizados de duas maneiras. Primeiro, por legislatura: cada uma delas tem quatro anos de duração, ou seja, um mandato de deputado que inicia no dia 1º de fevereiro do ano seguinte ao da eleição até o dia 31 de janeiro da próxima legislatura. Segundo, por sessão legislativa: cada legislatura é composta por quatro sessões ordinárias – cada sessão começa em 2 de fevereiro e vai até 22 de dezembro (com recesso entre 18 e 30 de julho).

A Constituição dita as normas gerais para o funcionamento da Câmara, do Senado e do Congresso Nacional. As normas específicas de organização e tramitação aparecem nos Regimento Interno da Câmara dos Deputados, no Regimento Interno do Senado e no Regimento Comum do Congresso Nacional. Os Regimentos trazem as regras que guiam tanto o processo legislativo quanto o funcionamento administrativo de cada uma das casas. O artigo 14 do Regimento da Câmara dá à Mesa Diretora a tarefa de dirigir os trabalhos legislativos e os serviços administrativos. Da mesma maneira, o artigo 48 do Regimento do Senado dá as mesmas atribuições à Mesa Diretora daquela casa.

Na prática, as Mesas Diretoras atuam em diversas áreas. Por exemplo: o artigo 15 do Regimento Interno da Câmara dá à Mesa o poder de declarar a perda do mandato do deputado (em casos especificados pelo texto). Em 2023, a Mesa Diretora da Câmara dos Deputados cassou o mandato do deputado Deltan Dallagnol (Podemos-PR) após decisão anterior do Tribunal Superior Eleitoral (segundo a qual o deputado tentou burlar a Lei da Ficha Limpa). Outro exemplo: o artigo 60 da Constituição e o artigo 85 do Regimento Comum do Congresso dá às Mesas Diretoras da Câmara e do Senado o poder de promulgar emendas à Constituição em sessão conjunta e solene. Em 2022, ambas as Mesas promulgaram a Emenda Constitucional 127/2022, que viabilizou o pagamento do piso salarial para os profissionais de enfermagem.

As Mesas Diretoras da Câmara e do Senado operam de maneira independente e são constituídas por um presidente, dois vice-presidentes e quatro secretários – todos os membros são eleitos por seus pares em voto direto. Os cargos mais altos das Mesas Diretoras da Câmara e do Senado são ocupados pelos presidentes das casas. No que diz respeito à tramitação de proposições de lei, são os presidentes que as distribuem às comissões e organizam a lista daquelas a serem votadas em plenário.

Para definir a agenda legislativa, o presidente da Câmara ouve o Colégio de Líderes, instituição formada pelos líderes da maioria, da minoria, dos partidos, dos blocos parlamentares e do governo. Há vários dispositivos no Regimento Interno da Câmara que tratam do Colégio de Líderes, incluindo o artigo 20, que define a instituição e o seu funcionamento (o que inclui a tomada de decisões por consenso ou, na impossibilidade de consenso, por maioria absoluta). Entretanto, o Regimento não determina a frequência com a qual o Colégio de Líderes deve se reunir e com a qual o presidente da Câmara deve consultar o Colégio de Líderes, o que deixa a instituição no limbo entre a formalidade e a informalidade. Com o aumento excessivo dos poderes do presidente da Câmara nos últimos anos (tema a ser discutido no último capítulo), houve momentos em que se questionou até se as reuniões do Colégio de Líderes de fato aconteciam (já que as decisões do presidente da casa parecem cada vez mais monocráticas).

Como não há Colégio de Líderes no Senado, quando escrevo este livro, tramita naquela casa o projeto de resolução 26/2019, de autoria da senadora Elizaine Gama (Cidadania/MA), para criar instituição semelhante à da Câmara naquela casa. Na justificativa do projeto, Gama escreve que o Colégio de Líderes diluiria tanto quanto possível poderes que hoje "são excessivamente confluentes a órgãos por vezes não tão representativos." A proposição não traz regras sobre a frequência das reuniões do eventual Colégio de Líderes, o que torna a instituição igualmente sujeita ao limbo descrito acima (principalmente diante do aumento dos poderes do presidente do Senado). O projeto de resolução 26/2019 foi aprovado na Comissão de Constituição e Justiça do Senado (CCJ) em 2019 e, desde então, aguarda novas movimentações.

Por unir representantes da Câmara e do Senado, a Mesa Diretora do Congresso Nacional se organiza de outra maneira. Como dita a Constituição, o cargo de presidente é ocupado pelo presidente do Senado, enquanto as demais posições são ocupadas pelos cargos equivalentes nas Mesas da Câmara e do Senado (alternadamente).

A composição do Colégio de Líderes traz à tona a principal unidade organizacional do Legislativo: os partidos políticos. De acordo com o princípio da proporcionalidade partidária, a mesma distribuição de forças político-partidárias presentes no conjunto de cada casa legislativa deve ser reproduzida, tanto quanto possível, na composição dos respectivos órgãos internos. Nas Mesas Diretoras, o princípio se aplica às candidaturas para cada cargo – a única exceção é a disputa para a presidência das casas, na qual podem participar parlamentares de quaisquer bancadas partidárias. Nas comissões, as vagas existentes são distribuídas proporcionalmente ao tamanho das bancadas partidárias nas casas. Quem define quais parlamentares farão parte de cada comissão são os líderes partidários. O princípio da proporcionalidade também dita quem tem mais ou menos acesso aos instrumentos regimentais, como o tempo de fala no plenário.

O processo legislativo acontece em duas esferas. A primeira são as comissões, que nascem de uma carência dupla: de um lado, a necessidade de se processar um volume grande de proposições de lei; do outro lado, a demanda pela especialização temática do trabalho. As comissões são formadas pelos presidentes e membros titulares e suplentes. Nas comissões, os parlamentares fazem análise minuciosa das proposições. Para entender melhor o impacto dos projetos, eles fazem audiências públicas com membros da sociedade civil, autoridades do governo federal e especialistas nos temas. A análise das proposições de lei passa pela designação de um "relator", que é o parlamentar escolhido pelo presidente da comissão para escrever um parecer recomendando a aprovação ou não da proposição pelo colegiado. Os relatores têm papel fundamental no processo legislativo brasileiro, já que frequentemente tomam para si a função de investir na aprovação de uma proposição de lei.

Outra característica fundamental do processo legislativo nas comissões é que esses órgãos podem tomar decisões definitivas sobre proposições de lei no Brasil. Ou seja: as propostas podem virar lei se passarem pelo rito legislativo de aprovação nas comissões, sem a necessidade de aprovação no plenário. Tratarei de quais proposições de lei estão sujeitas ao poder conclusivo das comissões na Câmara e no Senado no próximo capítulo.

Há comissões permanentes e temporárias na Câmara e no Senado. Atualmente, a Câmara tem 30 comissões permanentes (já que cinco novas comissões foram criadas em fevereiro de 2023). O Senado tem 16 comissões permanentes (já que também foram criadas três comissões em fevereiro deste mesmo ano). As comissões permanentes tratam de temas definidos pelos Regimentos de cada casa legislativa, que devem ser discutidos em quaisquer legislaturas. Há três tipos de comissões temporárias: internas ou especiais (que tratam de assunto determinado ou cumprem tarefa específica dentro das casas legislativas); externas (que cumprem tarefa específica fora da casa legislativa); e de inquérito (que investigam fatos determinados).

Na Câmara, o número de membros de cada comissão é estabelecido no começo de cada legislatura e varia entre 3,5% e 13% do total de deputados. No Senado, o Regimento

Interno determina o número de membros de cada comissão – a menor comissão tem 11 membros e a maior tem 27 membros. O número de membros das comissões temporárias é definido no momento de criação desses colegiados.

O plenário é a outra esfera na qual o processo legislativo acontece. Ali estão presentes a totalidade dos parlamentares – os 513 deputados, no caso da Câmara, e os 81 senadores, no caso do Senado. Tanto na Câmara quanto no Senado, o plenário opera em sessões de debate ou deliberativas. Nas sessões de debates, os parlamentares usam todo o tempo disponível para fazer discursos ou pronunciamentos. Nas sessões deliberativas, além do momento dedicado aos discursos e pronunciamentos de parlamentares inscritos, há período de discussão e de votação das proposições de lei, que é denominado "ordem do dia". As sessões deliberativas podem ser ordinárias, quando acontecem em dias da semana fixados pelos regimentos internos, ou extraordinárias,[3] quando não seguem o cronograma previamente estipulado.

Há outros órgãos formais que atuam no processo legislativo. As consultorias legislativas prestam assessoria técnica aos parlamentares, à Mesa Diretora, às comissões e à administração das casas legislativas. Nesses órgãos, trabalham especialistas em diversos temas contratados através

---

[3] Na Câmara, as sessões secretas acontecem quando a casa precisar deliberar sobre projeto de fixação ou modificação dos efetivos das Forças Armadas, declaração de guerra ou acordo sobre a paz, ou passagem de forças estrangeiras pelo território nacional ou sua permanência nele; quando houver requerimento escrito nesse sentido subscrito por comissão, pelo Colégio de Líderes ou por pelo menos um terço dos deputados; e quando o plenário assim deliberar, a requerimento de líder ou de um quinto dos membros da Câmara (artigo 92 do Regimento Interno da Câmara). No Senado, as sessões se tornam secretas quando a casa se manifestar sobre declaração de guerra, acordo sobre a paz, escolha de chefe de missão diplomática de caráter permanente e requerimento para realização de sessão secreta (artigo 197 do Regimento Interno do Senado).

de concurso público que elaboram estudos, notas técnicas, minutas de propostas, pareceres, relatórios e até discursos parlamentares. Na Câmara, a consultoria é dividida em 22 áreas temáticas; no Senado, é dividida em sete áreas temáticas.

Outro órgão formal é a Secretaria da Mulher na Câmara (não há órgão equivalente no Senado), que tem papel importante na representatividade feminina. Historicamente, poucas mulheres ocuparam cargos nacionais eletivos no Legislativo. Em 2022, apesar de 51,8% da população brasileira ser formada por mulheres, apenas 17,7% dos candidatos eleitos para a Câmara eram do gênero feminino. Formada em 2013, a Secretaria da Mulher acompanha as proposições de interesse da bancada feminina (formada por deputadas mulheres) e o exame de denúncias de violência e discriminação contra mulheres na arena legislativa. A Secretaria também promove a imagem das deputadas com a sociedade, além de realizar eventos e audiências sobre temas relacionados à pauta feminina. Com a criação da Secretaria, sedimentou-se na Câmara mecanismos de representação feminina. Por exemplo, a coordenadora dos direitos da mulher (eleita pela bancada feminina) passou a ter assento nas reuniões do Colégio de Líderes, com direito a voz, voto e uso do horário de liderança nas comunicações em plenários.

No âmbito informal (ou seja, em termos daquilo que não é previsto pela Constituição ou pelos Regimentos Internos das casas), a instituição mais importante do Congresso é a frente parlamentar (também conhecida como bancada temática). As frentes parlamentares são organizações formadas por legisladores de diversos partidos políticos que defendem um mesmo tema ou bandeira. Elas não têm acesso ao processo legislativo formal. Por exemplo, não podem indicar membros de comissões e não têm direito a voz e a voto no plenário. Entretanto, atuam de maneira informal junto às lideranças das casas legislativas para que seus interesses sejam representados no processo legislativo. Quando essas frentes reúnem parlamentares da Câmara e do Senado, elas têm caráter misto. O último capítulo voltará ao tema das frentes parlamentares.

O Regimento Interno da Câmara dos Deputados em contexto

A Resolução 17/1989, que deu origem ao Regimento Interno da Câmara dos Deputados elaborado após a Assembleia Constituinte de 1988, tramitou sob a identificação PRC 54/1989 entre 21 de fevereiro e 21 de setembro de 1989. O processo de análise da matéria começou com uma questão de ordem[4] do deputado Israel Pinheiro, filiado ao PMDB de Minas Gerais. Pinheiro contestava o prazo de quatro sessões ordinárias para a apresentação de emendas ao texto com a justificativa de que os deputados estavam "preparados para fazer um novo Regimento, que é completamente diferente, é como se fosse um código para orientar os nossos trabalhos". Para ele, era "praticamente impossível e inoportuno a adoção de quatro sessões legislativas para recebimento de emendas" – o prazo deveria ser de, no mínimo, quinze dias.

Inocêncio Oliveira, presidente da Câmara à época e filiado ao PFL, respondeu dizendo que analisaria o pedido,

---

[4] O diálogo entre Israel Pinheiro e Inocêncio Oliveira pode ser encontrado no Diário do Congresso Nacional de 1 de março de 1989 (seção I, página 449).

mas que gostaria de cumprir o prazo inicial para a apresentação de emendas. A partir desse momento, Pinheiro e Oliveira iniciaram uma discussão que é ilustrativa sobre a importância do Regimento. Depois de trocarem perspectivas sobre o que deveria ser feito, o deputado Pinheiro pede o seguinte esclarecimento ao presidente da casa: "Vossa Excelência poderia dar uma explicação clara sobre como tramitará o projeto de reforma do Regimento da Câmara dos Deputados?". A falta de clareza sobre a tramitação do PRC 54/1989 estava ligada à ausência de regras que especificassem como projetos de resolução deveriam ser analisados pela Câmara. Naquele momento, os deputados discutiam justamente isso: diante da recém-aprovada Constituição Federal de 1988, que ditou normas gerais para o funcionamento da Câmara e do Senado, quais seriam os ritos a serem adotados para a tramitação de diversos tipos de proposições legislativas na Câmara?

O Regimento Interno foi promulgado no Diário do Congresso Nacional de 22 de setembro de 1989. Ele traz as regras que guiam tanto o processo legislativo quanto o funcionamento administrativo da Câmara. Por exemplo, o artigo 14 dá à Mesa a tarefa de dirigir os trabalhos legislativos e os serviços administrativos da Câmara. Também especifica a composição da Mesa, que inclui o Presidente da Câmara, cujas atribuições são definidas nos artigos 16 e 17. Outro artigo importante é o 20, que dispõe sobre o Colégio de Líderes, formado pelos líderes da maioria, da minoria, dos partidos, dos blocos parlamentares e do governo. O Colégio de Líderes auxilia o Presidente da Câmara na definição da agenda de votações em plenário.

Como o plenário não é o único espaço em que os deputados analisam proposições de lei, a seção II do Regimento trata das comissões permanentes (como a de Constituição e Justiça e de Cidadania e a de Finanças e Tributação, as mais importantes da instituição) e a seção III fala das comissões temporárias. O artigo 24, inciso II é importantíssimo nesse sentido porque dá às comissões o poder de discutir e votar projetos de lei em caráter "conclusivo". As proposições identificadas pela Mesa como pertencentes a esse grupo podem ser transformadas em norma jurídica sem a apreciação do plenário. Essa é uma característica singular do processo legislativo brasileiro: proposições de lei podem se tornar leis sem serem analisadas pela maioria (de qualquer tipo) dos deputados em plenário (o mesmo vale para o Senado).

O rito de apreciação das proposições é estabelecido nos artigos 131-215. Por exemplo, o artigo 201 trata das propostas de emenda à constituição (PECs), que podem ser apresentadas por no mínimo um terço dos deputados, além do Senado, presidente da República ou mais da metade das Assembleias Legislativas estaduais. O artigo 202 deixa claro que as PECs devem ser despachadas pelo presidente da Câmara à Comissão de Constituição e Justiça e de Cidadania (CCJ), que se pronunciará sobre a admissibilidade dessas proposições no prazo de cinco sessões. Se admitidas, as PECs devem ter o seu mérito analisado por comissões especiais designadas também pelo Presidente da Câmara durante o prazo de quarenta sessões.

Desde a sua aprovação em 1989, o Regimento Interno foi modificado diversas vezes. O artigo 216 do próprio Regimento estabelece que o documento pode ser alterado através de projetos de resolução propostos por deputados, a Mesa Diretora, comissões permanentes ou comissões especiais criadas para discutir reformas regimentais. Quando introduzido, um projeto de resolução para alterar o Regimento deve permanecer na agenda da Câmara por cinco sessões para que os deputados apresentem suas emendas. Depois, o projeto deve ser enviado à Comissão de Constituição e Justiça e de Cidadania (CCJ) em qualquer caso; à Comissão Especial que o houver elaborado para o exame das emendas recebidas; e à Mesa, para considerar o projeto e suas emendas. As comissões têm o prazo de cinco sessões para emitir pareceres sobre modificações simples e vinte sessões para emitir pareceres sobre modificações globais ao Regimento. O próximo passo é a discussão do projeto em dois turnos no plenário, seguido de apreciação pelos deputados, seguindo as regras do Regimento para projetos de resolução.

As últimas alterações no documento aconteceram através das Resoluções 1/2023 e 2/2023. A primeira, de autoria da Mesa Diretora da Câmara, fez diversas mudanças no Regimento, o que inclui a redistribuição das competências temáticas das comissões permanentes, criando cinco novas comissões. A segunda, de autoria das deputadas Soraya Santos, do PL do Rio de Janeiro, e Luisa Canziani, do PSD do Paraná, alterou o Regimento para assegurar direitos às deputadas federais gestantes.

3. O processo legislativo: como se fazem as leis?

As proposições de lei são as ferramentas usadas por parlamentares para resolver problemas sociais. No Brasil, há diversos tipos de proposição e cada tipo segue um caminho diferente no processo legislativo até a possível transformação em lei. Neste livro, foco nos tipos de proposição mais importantes: projeto de lei, projeto de lei complementar, projeto de decreto legislativo, projeto de resolução, proposta de emenda à Constituição e medida provisória.[1]

---

[1] Também vale chamar a atenção para os projetos de código, que tratam de temas abrangentes e complexos em linguagem mais sistematizada. Como explica Luciana Botelho Pacheco no livro *Como se fazem as leis*, publicado em 2021 pela editora Edições Câmara, esses projetos têm textos extensos, com muitos títulos, capítulos e seções, cada um dedicado ao tratamento de um subtema. Por esse motivo, o processo legislativo para aprová-los é mais longo. Após a sua apresentação, o projeto de código é enviado à uma comissão especial temporária, criada para analisá-lo e emitir um parecer favorável ou contrário ao seu conteúdo e às emendas apresentadas na própria comissão. Há relatores parciais (para analisar partes específicas do projeto) e o relator-geral (que sistematiza o texto final a ser votado pela comissão). Depois de ser aprovado pela comissão, o projeto de código segue para o plenário, onde é discutido pelos parlamentares (com tempo maior de fala;

A tabela 1 abaixo resume cada tipo de proposição de acordo com o seu propósito, quem pode introduzi-lo e os requerimentos para aprová-lo. Acrescento algumas notas. Os projetos de lei tratam de assuntos diversos da área penal, civil, tributária, administrativa e da maior parte das normas jurídicas do país. Os projetos de decreto legislativo ratificam atos internacionais, sustam atos normativos do presidente da República, julgam anualmente as contas prestadas pelo chefe de governo, autorizam o presidente e o vice-presidente a se ausentarem do país por mais de 15 dias, apreciam a concessão de emissoras de rádio e televisão, autorizam a exploração e o aproveitamento de recursos hídricos e a pesquisa e lavra de recursos minerais em terras indígenas.

O presidente da República tem extensos poderes legislativos no Brasil. Pode apresentar projetos de lei em assuntos gerais (como deputados e senadores) e exclusivos de sua competência (como temas orçamentários e administrativos).

Em geral, as votações no Congresso são feitas por maioria simples, maioria absoluta ou maioria qualificada. A maioria absoluta se refere ao número inteiro superior à metade do total de membros em uma votação. Na Câmara, a maioria absoluta reúne 257 dos 513 deputados; no Senado, reúne 41 dos 81 senadores. A maioria simples depende do número de

---

no Senado, só o relator-geral pode falar ou delegar seu poder de fala a relatores parciais) durante, no mínimo, cinco sessões na Câmara e, no mínimo, três sessões no Senado. A sua aprovação segue as regras aplicáveis a projetos de lei na Câmara. No Senado, como nota Pacheco, os requerimentos de destaque só podem ser apresentados pelo relator-geral, por líder partidário ou no mínimo 25 senadores. Um exemplo de projeto de código é o PL 1572/2011, de autoria do deputado Vicente Cândido (PT/SP), que institui o Código Comercial (e foi arquivado em 2019 por não ter sido aprovado até o fim daquela legislatura). Na ficha de tramitação da proposição, aparece a seguinte explicação: "trata-se de projeto de código, sendo aplicáveis as regras constantes do art. 205 do RICD", em referência ao Regimento Interno da Câmara.

membros presentes em cada votação. No caso da aprovação de projetos de lei, por exemplo, presente a maioria absoluta dos deputados (257), pode-se aprovar projetos de lei com 129 votos; no Senado, presentes a maioria absoluta dos senadores (41), pode-se aprovar projetos de lei com 21 senadores. Por fim, a maioria qualificada diz respeito à exigência para aprovação de propostas de emenda à Constituição: três quintos dos votos dos deputados (308) e dos senadores (49). As votações podem ser nominais (registradas por meio do painel eletrônico ou pela chamada nominal dos parlamentares) ou simbólicas (pede-se aos parlamentares favoráveis que permaneçam como estiverem e os que se opõem levantam a mão).

Tabela 1. Tipos de proposição de lei no Congresso Brasileiro

Tipo	Propósito	Introdução	Aprovação
Projeto de lei	Dispõe sobre matéria de competência normativa da União e pertinente às atribuições do Congresso.	Presidente, por deputados, senadores, comissões da Câmara, do Senado e do Congresso, pelo STF, tribunais superiores, procurador-geral da República e por cidadãos.[2]	Maioria simples, desde que esteja presente a maioria absoluta no plenário (247 deputados). Um turno de votação na Câmara e no Senado. Pode ser aprovado conclusivamente pelas comissões da Câmara ou do Senado. Sujeito à sanção presidencial.

---

[2] Os projetos de lei de iniciativa popular devem ser subscritos por pelo menos 1% do eleitorado nacional, distribuído em pelo menos cinco estados, com não menos de 0,3% dos eleitores de cada um deles.

Tipo	Propósito	Introdução	Aprovação
Projeto de lei complementar	A Constituição determina quais matérias são reservadas à lei complementar.	Presidente, por deputados, senadores, comissões da Câmara, do Senado e do Congresso, pelo STF, tribunais superiores, procurador-geral da República e por cidadãos.	Maioria absoluta das duas casas (41 senadores e 257 deputados). Votação em turno único no Senado e em dois turnos na Câmara. Não pode ser aprovado conclusivamente pelas comissões da Câmara ou do Senado. Sujeito à sanção presidencial.
Projeto de decreto legislativo	Visa regular as matérias de competência exclusiva do poder Legislativo.	Deputado, senador, comissão da Câmara, do Senado ou do Congresso. Também pode ter origem em mensagens presidenciais.	Maioria simples, desde que esteja presente a maioria absoluta (no plenário, 247 deputados). Pode ser aprovado conclusivamente pelas comissões da Câmara ou do Senado. Um turno de votação na Câmara e no Senado. Dispensa sanção presidencial.
Projeto de resolução	Regula matérias de competência privativa da Câmara ou do Senado (de caráter político, processual, legislativo ou administrativo).	Deputado ou senador.	Maioria simples, desde que esteja presente a maioria absoluta no plenário. Um turno de votação na Câmara ou no Senado. Dispensa sanção presidencial.

Tipo	Propósito	Introdução	Aprovação
Proposta de emenda à Constituição	Faz alterações na Constituição.	Presidente da República, mais da metade das assembleias legislativas estaduais das assembleias legislativas estaduais ou, no mínimo, um terço dos deputados (171) ou senadores (27).	Discutida e votada em dois turnos, em cada casa, e aprovada só com três quintos dos votos dos deputados (308) e dos senadores (49).
Medida provisória	Espécie de decreto do Executivo com força de lei enquanto for debatido no Congresso.	Presidente da República.	Após análise e aprovação por Comissão Mista, maioria simples (desde que esteja presente a maioria absoluta no plenário) na Câmara e no Senado. Caso o Senado faça alterações no texto, ele retorna à Câmara.

Os próximos parágrafos tratam das regras gerais de tramitação dos projetos de lei, projetos de lei complementar, projetos de decreto legislativo e projetos de resolução na Câmara, no Senado e no Congresso. Na sequência, tratarei da tramitação das propostas de emendas à Constituição e das medidas provisórias. A maior parte das proposições de lei se originam na Câmara porque há mais deputados do que senadores. Também porque as proposições introduzidas por autores que não sejam deputados e senadores (como os citados na tabela acima) têm tramitação iniciada na Câmara. Por essa razão, começo pelo processo legislativo naquela casa.

Vamos supor que eu introduza um projeto de lei como deputada federal para criar um programa de combate à violência nas escolas (como o de Paulo Paim, sobre o qual falei no início do livro). Escrevo o projeto e o protocolo junto à Mesa Diretora, que verificaria se ele atende aos requisitos constitucionais e regimentais. Por exemplo, atende aos requisitos básicos? O autor do projeto está identificado? O texto do projeto segue os parâmetros legislativos (está escrito em formato de artigos, parágrafos, incisos)? O tema de que trata o projeto é mesmo de competência do governo federal e da Câmara dos Deputados? Há algum aspecto que viola a Constituição ou o Regimento Interno da Câmara no projeto? Caso a proposta passasse por todos esses crivos, ela receberia um número, seria publicada no Diário da Câmara dos Deputados, distribuída aos deputados e inserida no sistema eletrônico da Câmara (para que esteja acessível ao público em geral). No caso, o meu projeto seria incorporado ao processo legislativo com o identificador fictício PL XXXX/2023.

Antes de fazer o despacho inicial da proposição, o presidente da Câmara (que integra a Mesa Diretora) verificaria a existência de projeto sobre assunto parecido em tramitação. Caso tal projeto existisse, o presidente poderia apensar o meu projeto ao já existente, de modo que os projetos tramitassem em conjunto. Suponhamos que não existisse outro projeto semelhante sendo discutido na Câmara. O presidente faria então o despacho inicial, especificando se o projeto teria caráter conclusivo ou não, elencando as comissões que o analisariam e determinando o regime de tramitação. Por exemplo: no despacho, o PL XXXX/2023 apareceria como "sujeito à apreciação conclusiva pelas comissões – Art. 24 II", em referência ao Artigo 24 do Regimento Interno, segundo o qual as comissões podem discutir e votar projetos de lei sem "a competência do plenário". O despacho também indicaria que o PL seria enviado às Comissões de Educação, Finanças e Tributação e Constituição e Justiça e Cidadania, e que tramitaria em regime ordinário. O que tudo isso significa?

Vamos por partes. O PL estaria "sujeito" à apreciação conclusiva pelas comissões porque poderia perder esse caráter caso houvesse parecer divergente entre as comissões (rejeição por uma, aprovação por outra) ou se, depois de aprovado pelas comissões, houvesse recurso contra esse rito assinado por 51 deputados (10% do total de deputados). Caso uma das duas coisas acontecesse, o projeto perderia o caráter conclusivo e precisaria ser votado no plenário.

Em geral, toda proposição de lei passa por, no máximo, três comissões para a análise de mérito. Além disso, a Comissão de Constituição e Justiça e Cidadania (CCJ) examina os aspectos de constitucionalidade, legalidade, juridicidade, regimentalidade e técnica legislativa e a Comissão de Finanças e Tributação (CFT) examina a compatibilidade ou adequação orçamentária da proposição. Voltando ao exemplo anterior, supondo que o PL XXXX/2023 só tratasse de educação, ele passaria pela Comissão de Educação (CE) para a análise de mérito, pela CCJ e pela CFT. É importante ressaltar que há projetos que envolvem muitos temas e, por esse motivo, precisam ser encaminhados para mais de três comissões. Nesses casos, forma-se uma comissão especial e temporária para analisar todos os méritos da proposição (temático, constitucionalidade e orçamentário).

O regime "ordinário" se refere à tramitação normal, com prazos adequados para o cumprimento de todas as exigências e formalidades regimentais. O regime de "urgência" tem prazos curtos, dispensa exigências, formalidades e interstícios regimentais para que um projeto possa ser incluído o quanto antes na pauta de deliberações. Quando uma proposição tramita em regime de urgência, os prazos de análise por parte das comissões são os mesmos (ou seja: todas as comissões devem terminar seus pareceres sobre a proposição ao mesmo tempo, e não uma por vez, como descrito acima).[3] O regime de "prioridade" tem prazos um pouco maiores do que o de urgência, mas ainda curtos. Também dispensa exigências regimentais para que projetos sejam incluídos na pauta de deliberações logo após aqueles que tramitam em regime de urgência. Essas determinações constam no artigo 151 do Regimento Interno.[4]

Após o despacho do presidente da Câmara, o PL XXXX/2023 seria encaminhado para as três comissões mencionadas acima. Como ele tramitaria em regime ordinário, cada comissão faria a análise do projeto em ordem sequencial (CE, CFT e CCJ, respectivamente). Em regime ordinário, elas teriam 40 sessões para emitir parecer sobre o projeto (em regime de urgência, o prazo é de cinco sessões; em regime de prioridade, o prazo é de dez sessões).

O presidente de cada comissão tomaria duas providências ao receber o PL. Primeiro, se o projeto tramitasse em caráter conclusivo, como é o caso do PL XXXX/2023, o presidente abriria o prazo para a submissão de emendas por parte dos deputados (os projetos que são apreciados pelo

---

[3] Quando a CFT e a CCJ devem se pronunciar ao mesmo tempo sobre uma proposição de lei, os pareceres de cada comissão serão inseridos em um só parecer, com indicação do que diz uma e outra comissão.

[4] Há ainda o regime especial de tramitação, que se aplica à proposta de emenda à Constituição (PEC), projeto de código, conversão de Medida Provisória em lei, projeto de resolução para alteração do Regimento Interno e a autorização de processo contra o presidente da República.

plenário só recebem emendas no plenário). As emendas podem ser entendidas como adições, supressões, alterações ou substituições feitas pelos parlamentares às proposições de lei. Os tipos de emendas são: as "aditivas" incluem ou adicionam novos conteúdos a uma proposição; as "supressivas" suprimem qualquer parte de uma proposição; as "modificativas" alteram uma proposição sem mudá-la substancialmente; as "de redação" visam resolver vícios de linguagem ou incorreção de técnica legislativa; e as "substitutivas" tiram uma parte existente de uma proposição e acrescentam outra em seu lugar (ou seja: substituem parte de uma proposição pela parte apresentada). Quando uma emenda substitutiva altera substancialmente o texto da proposição, ou na íntegra, temos um "substitutivo" – um caso especial de emenda substitutiva. Há também "subemendas", ou seja, emendas apresentadas a outras emendas que só podem ser supressivas, substitutivas ou aditivas. Abaixo, discutirei outro tipo de emenda: a aglutinativa.[5]

No caso do PL XXXX/2023, um deputado na CE poderia, por exemplo, apresentar uma emenda que restringisse o programa de combate à violência nas escolas ao contexto urbano. Essa seria uma emenda modificativa. Um exemplo de emenda aditiva seria um acréscimo ao PL que incluísse os diretores nesse programa. Uma emenda supressiva retiraria do texto a possibilidade de contratar psicopedagogos para as redes escolares que lidassem com as consequências da violência.

A segunda providência a ser tomada pelo presidente de cada comissão seria e escolha do relator, que poderia ser qualquer membro da comissão desde que ele não fosse o próprio autor do projeto. O relator cumpriria duas funções.

---
[5] O artigo 118 do Regimento Interno da Câmara trata dos tipos de emenda.

A primeira seria elaborar um relatório que resumisse o conteúdo do projeto, as emendas recebidas e a tramitação do projeto até o momento. A segunda seria dar um voto favorável ou desfavorável ao projeto e às emendas recebidas. O relator tem o poder de propor suas próprias emendas ao projeto e inclusive um substitutivo ao projeto como um todo (quando faz isso com um projeto tramitando em caráter conclusivo, obriga a abertura de novo prazo para a apresentação de emendas focadas no substitutivo).

A realização de audiências públicas faz parte do processo de coleta de informações por parte do relator. Para essas reuniões, são convidados representantes da sociedade civil, do meio acadêmico, das diversas esferas de governo, entre outros, com o objetivo de debater os diversos aspectos do projeto em discussão. Voltando ao exemplo do PL XXXX/2023, para entender como o programa de combate à violência nas escolas seria implementado em diversas esferas de governo, poderiam ser convidados o Ministro da Educação, governadores, prefeitos, secretários estaduais e municipais de Educação e representantes de entidades como o Todos pela Educação e a Campanha Nacional pelo Direito à Educação.

Suponhamos que o relator do PL XXXX/2023 não apresentasse substitutivo. Ao terminar o seu relatório, ele o apresentaria aos outros membros da CE, que discutiriam tanto o parecer do relator quanto as emendas apresentadas.[6] Nessa fase, os membros da CE poderiam sugerir mudanças ao parecer do relator. Ao fim desse período, o relator

---

[6] Entre a leitura e a discussão do parecer, quaisquer membros da comissão têm o poder de pedir vista ou vista conjunta do processo, ou seja, a retirada imediata do projeto da comissão por duas sessões. Depois desse período, o projeto volta à agenda da comissão e segue o processo do ponto em que os trabalhos pararam.

poderia pedir até a próxima reunião para mudar o seu parecer[7] ou fazer as alterações sugeridas oralmente (com a promessa de entregar o texto alterado depois).

O relator tem papel fundamental no processo legislativo brasileiro. Autores como Suely Mara Vaz Guimarães de Araújo e Rafael Silveira e Silva[8] atribuem aos relatores poder de agenda, ou seja, poder de definir o que será discutido no âmbito legislativo. Fabiano Santos e Acir Almeida[9] ressaltam o papel informacional dos parlamentares que desempenham essa função: são eles que coletam informações a respeito das proposições de lei e as disseminam aos seus pares. Esse papel não pode ser subestimado no contexto de déficit informacional que afeta os Legislativos do mundo todo. Nessas instituições, há uma carência crônica de informações sobre as políticas públicas e as suas consequências no mundo em que vivemos.

O meu próprio trabalho sugere que os relatores frequentemente tomem para si a função de levar proposições de lei ao longo do processo legislativo para transformá-las em normas jurídicas. Um exemplo que gosto de contar: entre 2016 e 2018, o deputado Sóstenes Cavalcante atuou em prol da aprovação do projeto de lei 5850/2016, que agiliza os procedimentos de adoção de crianças e adolescentes.

---

[7] A essa mudança se dá o nome de "complementação de voto": um parecer apresentado pelo relator que complementa ou altera pontos de outro parecer anteriormente proferido (como definido por Luciana Botelho Pacheco no livro *Como se fazem as leis*, publicado pela Edições Câmara em 2021).

[8] Ver o texto "Agenda Holders and Political Careers", *Revista Brasileira de Ciência Política*, 2013, disponível no *link* https://www.scielo.br/j/rbcpol/a/CSLN9Wqn3VbWbYT8gTBMX7C/abstract/?lang=en. Acesso em: 25 de março de 2024.

[9] Ver o texto "Teoria Informacional e a Selecao de Relatores Na Camara Dos Deputados", *Dados*, 2005, disponível no *link* https://www.scielo.br/j/dados/a/fgVjZ6Z4VCMx3pY9HFDShqp/?lang=pt. Acesso em: 25 de março de 2024.

Cavalcante, que faz parte da bancada evangélica, fez um trabalho importante de costura em prol da aprovação do projeto como relator, que incluiu colaboração com parlamentares mais à esquerda, como a deputada Maria do Rosário. O autor do projeto, o deputado Augusto Coutinho, pouco participou da tramitação de sua proposição depois de introduzi-la (mais sobre esse caso abaixo). Essa "apropriação" das proposições por parte dos relatores é ainda mais recorrente porque, em média, somente 0,45% das proposições introduzidas em uma legislatura são aprovadas na mesma legislatura.[10] As relatorias designadas em comissões frequentemente se referem a proposições introduzidas em legislaturas anteriores, o que coloca os relatores na posição de autores *de facto*.

Voltando ao caso hipotético do PL XXXX/2023, haveria três possibilidades para o resultado da votação do parecer do relator. A primeira seria a aprovação na íntegra do parecer, o que o tornaria o documento da comissão sobre o projeto. A segunda seria a aprovação parcial do parecer, na qual se aprovaria partes do projeto ou de emendas. As modificações a essa altura da deliberação aconteceriam através de um mecanismo chamado "destaque". Os destaques são alterações feitas a proposições de lei quando elas estão sendo votadas (votam-se apenas trechos "destacados"). Nesse caso, o parecer também fica valendo como o documento da comissão, mas com alterações. A terceira seria a rejeição do parecer. Quando isso acontece, o presidente da comissão precisa nomear outro relator para elaborar um novo parecer que esteja de acordo com a preferência dos membros do colegiado.[11]

---

[10] Entre 1995 e 2018, somente 4,4% de todas as proposições de lei foram transformadas em leis.

[11] Quando o parecer é rejeitado por uma comissão, ele é registrado no sistema da Câmara dos Deputados como "voto em separado". O novo parecer, se aprovado pela maioria do colegiado, é identificado com "vencedor".

No caso do PL XXXX/2023, trabalhemos com o cenário de que os pareceres dos três relatores – na CE, CFT e CCJ – fossem aprovados na íntegra. Os pareceres seriam então lidos no plenário para que os outros deputados tivessem cinco sessões para se manifestar contra a aprovação do projeto. Para fazer tal recurso, seria preciso elaborar um requerimento assinado por um décimo do número total de deputados. Caso requerimento contrário fosse apresentado, o projeto seria arquivado. Caso ninguém se opusesse a ele, retornaria para a CCJ para que o texto final da lei fosse elaborado. Mas o que aconteceria se o PL XXXX/2023 não tramitasse como "sujeito" à apreciação conclusiva pelas comissões?

Nesse caso, ele seria enviado ao plenário para apreciação por todos os outros deputados, que iniciaram o processo de discussão sobre o projeto. Para participar do debate, os parlamentares precisariam se inscrever previamente com a Mesa Diretora e declarar se falariam a favor ou contra a proposição (já que a Mesa organiza as falas de maneira alternada). Durante a discussão, os deputados poderiam também apresentar suas emendas ao projeto. O debate terminaria quando não houvesse mais inscritos para falar ou se fosse aprovado no plenário um requerimento de encerramento de discussão.[12] Na sequência, seria iniciado o período de votação (se estivesse presente a maioria absoluta do total de deputados). Se nas comissões são votados os pareceres dos relatores, no plenário são votadas as proposições de lei, substitutivos, emendas e requerimentos.

Durante a votação de proposições de lei, os deputados poderiam fazer alterações no texto do projeto através de

---

[12] Tal requerimento só pode ser apresentado por no mínimo cinco centésimos do total de deputados ou por líderes que representem esse número. Também só pode ser considerado após a fala de doze deputados.

dois instrumentos. O primeiro é o destaque, que permite votar separadamente parte de uma proposição ou emenda. O "destaque para votação em separado" (DVS) permite que uma parte do texto em votação seja destacado e votado depois do resto do texto. Essa parte só é inserida no texto final caso o DVS seja aprovado. O "destaque para votação separado de emenda" permite votar uma emenda separada do grupo a que ela pertencia. Somente as bancadas partidárias podem apresentar destaques[13] (ou deputados que tenham apoio de todas as lideranças partidárias). Há outros dois tipos de destaque – de preferência e para projeto autônomo – que são menos utilizados.[14]

O outro instrumento é a emenda aglutinativa, que funde emendas já apresentadas ou emendas com o texto. A emenda aglutinativa cria um texto que é acordado entre as partes no plenário. O parágrafo 3 do artigo 118 do Regimento Interno deixa claro que a emenda aglutinativa deve "aproximar os respectivos objetos" (o que, segundo Luciana Botelho Pacheco, significa que a emenda só pode tratar de temas já abordados nas emendas que se propõem a fundir, sem introduzir nada novo). Apenas líderes que representem a maioria absoluta dos deputados podem apresentar

---

[13] O número de destaques que cada bancada partidária pode apresentar é proporcional ao número de membros de cada bancada. Assim, o artigo 161 do Regimento Interno da Câmara estabelece que: bancadas de cinco a 24 deputados podem apresentar um destaque; bancadas de 24 a 49 deputados podem apresentar dois destaques; bancadas de 50 a 74 deputados podem apresentar três destaques; e bancadas de 75 ou mais deputados podem apresentar quatro destaques.

[14] No livro *Como se fazem as leis*, publicado em 2021 pela Edições Câmara, Luciana Botelho Pacheco atribui ao destaque de preferência a inversão da ordem regimental de preferência de votação apensadas ou entre uma proposição e um substitutivo. Já o destaque para projeto autônomo retira partes de um projeto para que passem a constituir um novo, cuja tramitação iniciará do zero.

emenda aglutinativa, e devem fazer isso antes da votação do projeto (no caso de emenda aglutinava global, que muda o texto como um todo) ou até a votação da parte específica que altera (no caso da emenda aglutinativa parcial).

Em uma sessão ordinária qualquer, a votação dos projetos (ou substitutivos de projetos) se concentra primeiro na totalidade do texto. Apenas na sequência são votados os destaques. Em geral, as emendas são agrupadas por terem recebido parecer favorável ou não favorável nas comissões para serem votadas. Caso a mesma emenda tenha parecer favorável e não favorável de comissões, ela será votada separadamente. Também são votadas separadamente as emendas que são alvo de destaque. Após a votação, é feita a redação final da proposição de lei (após a aprovação pelas comissões, como no caso do PL XXXX/2023, ou pelo plenário, no caso de proposições que são examinadas pela totalidade dos deputados). A proposição é então encaminhada ao Senado, onde se inicia outro processo legislativo.

O processo legislativo do Senado é parecido com o da Câmara, mas há diferenças importantes. Abaixo, a tabela 2 compara os dois processos legislativos, dando destaque para as distinções entre as duas casas. É importante ressaltar que o que na Câmara é conhecido por tramitação em caráter "conclusivo", no Senado é chamado de tramitação em caráter "terminativo".

Enquanto na Câmara, em geral, as proposições são submetidas a três comissões para a análise de mérito, no Senado não há limite para o número de comissões que podem analisar tematicamente as proposições. Como exposto anteriormente, na Câmara, as proposições também devem passar por análise constitucional, jurídica, econômica e financeira na CCJ e na CFT. Já no Senado, a CCJ e a Comissão de Assuntos

Econômicos (CAE) só analisam proposições caso haja determinação do presidente do Senado, decisão do plenário ou pedido de outra comissão.[15]

As proposições rejeitadas pela CCJ e pela CFT na Câmara são arquivadas, a não ser que pelo menos 10% do total de deputados solicite recurso contra o arquivamento. No Senado, as proposições rejeitadas pela CCJ também são arquivadas, mas os senadores só podem entrar com recurso caso o parecer desta comissão não tenha sido aprovado por unanimidade. Já as proposições rejeitadas pela CAE só são arquivadas se estiverem tramitando em caráter terminativo.

Tabela 2. Diferenças entre os processos legislativos na Câmara dos Deputados e no Senado

	Câmara dos Deputados	**Senado**
Número de comissões para análise de proposições	Em geral, três comissões.	Não há limite.
Análise obrigatória por comissões	Toda proposição deve passar por análise constitucional, jurídica, econômica e financeira na CCJ e na CFT.	A CCJ e a Comissão de Assuntos Econômicos (CAE) analisam proposições caso haja determinação do presidente do Senado, do plenário ou pedido de outra comissão.[16]

---

[15] Luciana Botelho Pacheco menciona outra situação em que isso pode acontecer: quando houver recurso relacionado a alguma dessas questões contra um parecer com poder terminativo por outras comissões.

[16] Segundo Luciana Botelho Pacheco, a análise por parte da CCJ e CAE também é possível quando houver recurso relacionado a alguma dessas questões contra um parecer emitido com poder terminativo por outras comissões.

	Câmara dos Deputados	Senado
Rejeição de parecer em comissões	Proposições rejeitadas pela CCJ e pela CFT são arquivadas definitivamente, a não ser que haja recurso por parte de pelo menos 10% do total de deputados para impedir o arquivamento.	Proposições rejeitadas pela CCJ são arquivadas definitivamente, e o recurso contra arquivamento só pode ser solicitado caso o parecer da CCJ não tenha sido aprovado por unanimidade. Proposições rejeitadas pela CAE só são arquivadas se tramitarem em caráter terminativo.
Tramitação em caráter conclusivo/ /terminativo pelas comissões	Todas as comissões têm poder de decisão e se manifestam separadamente, já que a análise pelas comissões é sequencial (com a CFT e a CCJ sendo as penúltimas e últimas comissões, respectivamente).	Para proposições sujeitas à análise por mais de uma comissão: o presidente do Senado dá poder conclusivo a uma delas ou a todas elas. No último caso, as comissões deliberam em conjunto e apresentam parecer único.
Escolha do relator nas comissões	Os presidentes das comissões têm total liberdade para escolher os relatores (desde que não sejam os autores das proposições).	Os presidentes de comissões respeitam proporcionalidade das bancadas partidárias e blocos parlamentares na escolha do relator, além da alternância entre os membros das comissões. Autores das proposições também não podem ser relatores.
Apresentação de emendas em comissões	Proposições sujeitas a apreciação em plenário só recebem emenda no plenário. Proposições tramitando em caráter conclusivo podem receber emendas de quaisquer deputados nas comissões.	Quaisquer proposições podem receber emendas nas comissões. Também proposições tramitando em caráter terminativo podem receber emendas de quaisquer senadores nas comissões.

	Câmara dos Deputados	Senado
Prazo em comissões	Em regime de urgência, cinco sessões; em regime de prioridade, dez sessões; em regime ordinário, 40 sessões. O relator tem metade de cada prazo para proferir parecer.	Análise de projetos: 15 dias (CCJ tem 20 dias). Relator tem metade desse prazo para proferir relatório. Quando o relatório é apresentado, qualquer senador pode pedir vista (mesmo para proposições tramitando em regime de urgência) por no máximo cinco dias.
Votações em comissões	Em regra geral, as votações são simbólicas. Só são nominais as votações que acontecem via requerimento de verificação.	Para proposições que tramitam em caráter terminativo, é necessário usar votação nominal.
Votações em plenário	Se houver falta de quórum, presidente da Câmara precisa encerrar a sessão.	Votações simbólicas: se houver falta de quórum, o presidente do Senado não precisa encerrar a sessão. É possível suspender a sessão por dez minutos e chamar os senadores. Os trabalhos devem ser reiniciados em nova sessão.

	Câmara dos Deputados	Senado
Mecanismos de alteração em plenário	Destaque para votação em separado (DSV), destaque para votação em separado de emenda, destaque de preferência e destaque para projeto autônomo, que podem ser apresentados por deputados com apoio unânime das lideranças partidárias ou bancadas partidárias.[17] Há emenda aglutinativa.	Destaque para votação em separado (DSV), destaque para votação em separado de emenda e destaque para projeto autônomo, que podem ser apresentados por senadores ou bancadas partidárias.[18] Não há emenda aglutinativa.
Tramitação de substitutivos	A aprovação de substitutivo não exige turno suplementar.	Caso seja aprovado substitutivo, o texto deve voltar ao plenário para turno suplementar de discussão e votação, sujeito a apresentação de novas emendas. Caso nenhuma emenda seja apresentada, a votação pode ser dispensada.

As proposições que tramitam em caráter conclusivo são apreciadas por diferentes comissões na Câmara, que têm poder decisório e emitem parecer separadamente. Vale lembrar que a análise por comissões é sequencial, com a CFT

---

[17] Mais uma vez, bancadas de cinco a 24 deputados podem apresentar um destaque; bancadas de 24 a 49 deputados podem apresentar dois destaques; bancadas de 50 a 74 deputados podem apresentar três destaques; e bancadas de 75 ou mais deputados podem apresentar quatro destaques.

[18] Se forem introduzidos por senadores, devem ser aprovados pelo plenário. Se forem incluídos por bancadas partidárias, as regras são: bancadas de três a oito senadores podem apresentar um destaque; bancadas de nove a 14 senadores podem apresentar dois destaques; e bancadas de 14 senadores ou mais podem apresentar três destaques.

em penúltimo lugar e a CCJ em último lugar. No Senado, para proposições que tramitam em caráter terminativo e que são analisadas por mais de uma comissão, o presidente do Senado pode escolher um de dois caminhos: ou dá poder terminativo a uma delas ou a todas elas. Caso dê poder terminativo a todas as comissões, analisando uma proposição, esses colegiados precisam deliberar e emitir relatório em conjunto. E por falar em relatório: na Câmara, o presidente da comissão tem total liberdade para escolher o relator de uma proposição, desde que ele não seja também o autor da proposição. No Senado, o presidente da comissão precisa também respeitar a proporcionalidade das bancadas partidárias e dos blocos parlamentares e a alternância entre os membros de uma comissão.

Ainda sobre o trabalho nas comissões, na Câmara, as proposições apreciadas no plenário só recebem emendas no próprio plenário; no Senado, essas proposições também podem receber emendas nas comissões. Outra diferença diz respeito aos prazos de análise. Como explicado anteriormente, comissões têm cinco, dez e 40 sessões para emitir parecer sobre proposições tramitando em regime de urgência, prioridade e ordinário, respectivamente, na Câmara. No Senado, o prazo é de 15 dias para todas as comissões, sendo que a CCJ tem 20 dias. Nos dois casos, o relator tem metade de cada prazo para emitir parecer ou relatório. Mais uma distinção: no Senado, proposições que tramitam em caráter terminativo devem ser votadas nominalmente (nas comissões da Câmara, todas as votações são, em geral, simbólicas).

No plenário do Senado, o presidente da casa não precisa encerrar a sessão por falta de quórum – ele pode suspendê-la por dez minutos e chamar os senadores, desde que os trabalhos sejam reiniciados em nova sessão (na Câmara, a falta de quórum obriga o presidente da casa a encerrá-la). Também é importante ressaltar que não há emenda aglutinativa no Senado. As regras para o uso dos diversos tipos de destaque também são diferentes no Senado. Senadores podem usá-los individualmente, desde que os destaques sejam aprovados pelo plenário. Se forem usados por bancadas partidárias, o Regimento Interno do Senado diz que bancadas de três a oito senadores podem apresentar um destaque; bancadas de nove a 14 senadores podem apresentar dois destaques; e bancadas de 14 senadores ou mais podem apresentar três destaques. Por fim, no Senado, a aprovação de um substitutivo a qualquer proposição de lei exige um turno suplementar no qual o substitutivo seja discutido e votado – novas emendas podem ser apresentadas nesse estágio. Caso nenhuma emenda seja apresentada, a votação pode ser dispensada. Não há turno suplementar para substitutivo na Câmara.

Uma vez analisadas pelas duas casas legislativas, as proposições de lei podem seguir dois caminhos. Caso a segunda casa tenha aprovado integralmente o texto da primeira, a proposição segue à sanção ou ao veto presidencial. Caso a segunda casa tenha feito modificações no texto da primeira, a proposição tem de voltar à casa inicial para consideração dessas alterações. Quem aprecia a proposição por último é sempre a casa de onde partiu a proposição de lei, que pode manter as alterações ou recuperar o texto original. Em seguida, vai à sanção ou ao veto presidencial. O presidente da República tem 15 dias úteis para tomar uma decisão nesse sentido, podendo sancionar o texto ou vetá-lo integralmente ou parcialmente. Com a sanção, a proposição se torna lei e é publicada como tal no Diário Oficial da União. Caso o presidente vete parcialmente a proposição, os vetos voltam para a análise do Congresso, em sessão conjunta da

Câmara e do Senado. Mas se os vetos forem mantidos, a lei fica como está. E se forem derrubados, os trechos vetados anteriormente voltam a fazer parte da lei.

Agora trato da tramitação de três tipos especiais de proposição de lei. A primeira delas é a proposta de emenda à Constituição (PEC), que tem como objetivo alterar a Constituição de 1988. Há restrições temáticas no que diz respeito ao que pode constar nas PECs. Elas não podem modificar cláusulas pétreas da Constituição (ou seja, cláusulas imodificáveis, como o voto direto, secreto e universal). Também não podem tratar de matérias que já tenham sido rejeitadas (ou tidas como prejudicadas[19]) na sessão legislativa em questão. Só podem apresentar PECs o presidente da República, 1/3 ou mais dos deputados ou senadores (no mínimo 171 assinaturas na Câmara e no mínimo 27 assinaturas no Senado) ou mais da metade das assembleias legislativas (partindo do pressuposto de que a iniciativa tenha sido aprovada pela maioria em cada uma delas). Importante dizer que o estado de sítio ou defesa ou a intervenção federal em alguma unidade da federação impede a introdução de PECs. Por exemplo, enquanto o Rio de Janeiro esteve sob intervenção federal em 2018, a apresentação de PECs se tornou inviável.

As PECs podem ser introduzidas tanto na Câmara quanto no Senado. Na Câmara, elas são recebidas pela Mesa Diretora e distribuídas à CCJ para a análise de admissibilidade no prazo de cinco sessões. Caso não sejam admitidas, são arquivadas (a não ser que pelo menos 1/3 dos deputados, ou líderes que representem esse número, apresentem recurso

---

[19] Uma proposição prejudicada não pode mais ser apreciada no processo legislativo. Na Câmara, por exemplo, uma matéria pode ser prejudicada quando há votação de qualquer outra matéria idêntica (com aprovação ou rejeição) na mesma sessão legislativa (artigo 163, inciso I). Uma vez prejudicada, a matéria é arquivada.

contra o arquivamento, e tal recurso seja aprovado pelo plenário). Caso sejam admitidas, são enviadas a comissões especiais temporárias criadas especificamente para discuti-las no prazo de 40 sessões. Nas dez primeiras sessões, é possível apresentar emendas às PECs desde que tenham o apoio de pelo menos 1/3 do total de deputados. Também podem ser feitas audiências públicas sobre o tema de que tratam as propostas. As próprias comissões especiais têm o poder de acrescentar emendas ao texto quando finalizam o parecer sobre as PECs. Após a aprovação nas comissões especiais (por maioria simples), as PECs seguem para o plenário, no qual são submetidas a dois turnos de discussão e votação. São, então, enviadas ao Senado, onde também precisam passar por dois turnos de discussão e votação.

No Senado, a CCJ faz tanto a análise de admissibilidade quanto a de mérito das PECs. Ou seja: não há comissões especiais temporárias para discuti-las. As próprias comissões podem propor emendas às PECs na CCJ. É só no plenário que os senadores podem apresentar as suas emendas (desde que elas sejam subscritas por pelo menos 1/3 do total de senadores). Quando aprovada pela CCJ (também por maioria simples), as PECs são enviadas ao plenário, onde também são submetidas a dois turnos de discussão e votação. Como foram introduzidas no Senado, seguem para a Câmara, onde também precisam passar por dois turnos de discussão e votação. É importante lembrar que a aprovação de PECs exige pelo menos 3/5 de votos favoráveis do total de deputados (308) e senadores (49) em cada votação. Se o texto for aprovado pela Câmara e pelo Senado, é promulgado como emenda constitucional em sessão conjunta das duas casas. Se houver alteração substancial, volta para a casa de onde partiu. Toda vez que houver alteração no texto em uma casa, ele precisa voltar à outra para apreciação. Assim, é possível ter partes de PECs sobre as quais não há consenso tramitando até que seja criado consenso sobre elas. Também é possível promulgar "fatias" de PECs (o que foi aprovado pelas duas casas legislativas).

O outro tipo de proposição é a Medida Provisória (MP), que são instrumentos com força de lei, editados pelo presidente da República. Ou seja: uma vez que o presidente da República edite uma MP, ela produz efeitos imediatos, mesmo antes de ser transformada em lei. O rito de tramitação das MPs é atualmente regido pela Emenda Constitucional 32, aprovada em 2001 com o intuito de resgatar o protagonismo do poder Legislativo sobre essas ferramentas. Ao ser enviada ao Congresso, a MP deve ser analisada por uma comissão mista composta por deputados e senadores. Se sofrer alterações, a MP passa a tramitar como um projeto de conversão de lei. Depois, segue para o plenário da Câmara e, de lá, para o plenário do Senado, de onde segue para sanção presidencial. Caso esteja tramitando como projeto de conversão de lei, o presidente pode discordar das alterações feitas pela comissão mista e vetar o texto parcial ou integralmente, desde que o faça no prazo de 15 dias. Caso esteja tramitando como medida provisória, o texto é promulgado pelo Congresso Nacional, sem sanção presidencial.

O prazo inicial de vigência de uma MP é de 60 dias, mas ele pode ser prorrogado por mais 60. Se não tiver sido votada até o 45° dia seguido após a sua edição, a MP tranca a pauta de votações[20] da casa legislativa onde está tramitando.

---

[20] Até março de 2009, o trancamento de pauta impedia a Câmara de analisar quaisquer tipos de proposição de lei no plenário (vale lembrar que através da Questão de Ordem 688 de 2002, o ex-presidente da Câmara Aécio Neves já havia decidido que o trancamento de pauta só afetaria o plenário, e não as comissões, que poderiam seguir com a análise de proposições tramitando

Ou seja: nada mais pode ser analisado até que a MP seja considerada. O trancamento de pauta na Câmara só acontece se a MP já tiver sido aprovada pela comissão mista e lida no plenário. Também sob trancamento de pauta, só podem ser analisados PECs, projetos de lei complementar, projetos de decreto legislativo, projetos de resolução e projetos de lei que não sejam objetos de medida provisória em sessão extraordinária daquela casa. Caso a MP perca eficácia (ou também se a Câmara ou o Senado rejeitem a MP), resta aos deputados ou senadores a elaboração de um decreto legislativo que verse sobre os efeitos jurídicos da MP durante o tempo em que esteve válida. Não é possível reeditar MPs rejeitadas ou que perderam validade na mesma sessão legislativa.

A Emenda Constitucional 32 de 2001 também impôs restrições temáticas às MPs. Por exemplo, o presidente da República não pode editar MPs sobre temas relacionados a direitos políticos, partidos políticos e direito eleitoral; direito penal, processual penal e processual civil; organização do Poder Judiciário e do Ministério Público; planos plurianuais, diretrizes orçamentárias, orçamento e créditos adicionais e suplementares; reservados a leis complementares; já disciplinados em projetos de lei aprovado pelo Congresso; e que impliquem instituição ou majoração de impostos (exceto sob algumas condições explicitadas no artigo 62, parágrafo segundo da Constituição).

Falta falar sobre outro destino possível às proposições de lei: o arquivamento. Na Câmara dos Deputados, o artigo

---

em caráter conclusivo). A Questão de Ordem 411 daquele mês feita pelo ex--presidente da Câmara Michel Temer decidiu que o trancamento de pauta impediria os deputados de analisar apenas projetos de lei versando sobre temas passíveis de serem tratados por medida provisória. O último capítulo do livro tratará deste assunto.

205 do Regimento Interno (modificado pela Resolução 33/2022[21]) prevê o arquivamento de proposições que estiverem em tramitação por cinco legislaturas completas a partir da legislatura 56ª (2019-2023). A partir das próximas legislaturas, serão arquivadas as proposições que estiverem tramitando por três legislaturas completas. A Resolução 33/2022 também excluiu do arquivamento os projetos de iniciativa popular e de código; as propostas relacionadas com tratados internacionais e de concessão, renovação e permissão de exploração de serviços de radiofusão; as propostas relacionadas com contas do presidente da República; e as propostas aprovadas pela Câmara e revisadas pelo Senado. O artigo 105 estabelece que as proposições arquivadas podem ser desarquivadas mediante requerimento do autor ou dos autores, dentro dos primeiros 180 dias da primeira sessão legislativa ordinária da legislatura subsequente. O desarquivamento de uma proposição a coloca no estágio de tramitação em que estava na legislatura anterior.

No Senado, o Regimento Interno e o Ato 2/2014 determinam que todas as matérias em tramitação devem ser arquivadas ao final de cada legislatura. As exceções são as proposições originárias na Câmara; aquelas de autoria de senadores aprovadas com alterações pelos deputados; as apresentadas por senadores reeleitos ou que ainda estejam em exercício do mandato; as que receberam parecer favorável em pelo menos uma comissão do Senado (mesmo que o parecer seja parcialmente favorável); as introduzidas

---

[21] Antes da Resolução 33/2022, o artigo 105 do Regimento Interno da Câmara excluía do arquivamento as proposições com pareceres favoráveis de todas as comissões; as já aprovadas em turno único, em primeiro ou segundo turno; as que tinham tramitado pelo Senado, ou que se originavam no Senado; as de iniciativa popular; e as de iniciativa de outro poder ou do Procurador-Geral da República.

por colegiados, como as próprias comissões; os projetos de código; os projetos de decreto legislativo de competência exclusiva do Congresso, como acordos internacionais, intervenção federal e concessão de emissoras de rádio e televisão; os projetos de resolução de assuntos de competência do Senado, como julgamento, sabatina e escolha de autoridades; e os pedidos de sustação de processo contra senador em andamento no Supremo Tribunal Federal (STF).

Ainda no Senado, estão sujeitas ao arquivamento automático proposições que não foram definitivamente aprovadas depois de duas legislaturas – mas elas podem voltar ao processo legislativo se houver requerimento por parte de um terço dos senadores até 60 dias após o início da legislatura. Caso realmente não sejam aprovadas depois da terceira legislatura, são arquivadas permanentemente. Para proposições que tramitam em conjunto, é possível arquivar apenas uma delas, enquanto a outra segue em tramitação.

Ao final da legislatura 56ª, a Câmara dos Deputados arquivou 3.884 proposições das 14.856 que tramitavam naquele momento (26% do total das proposições). O número representa uma redução de 74% em relação ao número de proposições arquivadas ao final da legislatura anterior (14.940). A redução pode ser explicada pela Resolução 33/2022, que fez as alterações descritas acima. Já no Senado, ao final da legislatura 56ª, foram arquivadas 3.212 proposições apresentadas por senadores em final de mandato ou de legislaturas anteriores (o que corresponde a 38% do total de proposições tramitando na casa).

Aprovar uma proposição de lei não é tarefa trivial. O parlamentar precisa garantir a passagem de sua proposição por diversas etapas do processo legislativo. Por isso, a princípio, o tempo legislativo não é acelerado. Em média, apenas

0,45% das proposições introduzidas em uma legislatura são aprovadas na mesma legislatura. Na legislatura 55 (2015-2018), por exemplo, 65% das proposições aprovadas tinham sido introduzidas em legislaturas anteriores. Na legislatura 54 (2011-2014), 81% das proposições aprovadas haviam sido apresentadas em legislaturas anteriores. O arquivamento de proposições também é comum no Congresso brasileiro (e em qualquer legislativo de maneira geral, já que o número de proposições introduzidas será sempre menor do que a capacidade institucional de processá-las). Há ferramentas para acelerar o tempo legislativo (um exemplo é o requerimento de urgência; veja no quadro Requerimentos abaixo), que deveriam ser usadas com parcimônia. No Congresso brasileiro, infelizmente, elas são usadas como regra e não como exceção. Digo "infelizmente" porque o abuso dessas ferramentas introduz distorções que acabam prejudicando o processo legislativo e a qualidade das leis aprovadas.

Nesse contexto tão adverso, como os parlamentares podem aprovar suas proposições de lei? O meu trabalho sobre eficácia legislativa (ou seja, a habilidade dos parlamentares de levar as suas proposições ao longo do processo legislativo) aponta alguns caminhos. O primeiro deles é conhecer os Regimentos do Congresso, do Senado e da Câmara dos Deputados. Esses documentos explicitam as regras de participação e aprovação nas casas legislativas. Além disso, também institucionalizam e regulam o conflito político. Como me disse um ex-deputado, o parlamentar que não tem conhecimento sobre o seu Regimento fica perdido no próprio trabalho.

O segundo caminho é ter uma agenda de política pública, ou seja, o tema no qual o parlamentar trabalha na arena legislativa. Na Câmara dos Deputados, há o "deputado do café", a "deputada da educação" e assim por diante. Dessa maneira, o parlamentar concentra esforços em uma área temática, o que reduz a necessidade de buscar conhecimento sobre diversos temas de política pública. Além disso, o conhecimento temático dá influência ao parlamentar na arena legislativa. Os parlamentares prestam deferência aos seus pares que são especialistas.

O terceiro caminho é buscar posições institucionais nas casas legislativas, como a presidência de comissão e a liderança partidária. A literatura acadêmica sobre a variação na eficácia dos parlamentares em perspectiva comparada é inequívoca sobre a posição institucional como fator explicativo. Em outras palavras, seja no Brasil, seja no México ou nos Estados Unidos, os parlamentares que ocupam esses cargos têm maiores níveis de eficácia legislativa. Isso acontece porque os cargos dão aos parlamentares poder de agenda. Por exemplo, um presidente de comissão pode pautar a discussão sobre uma proposição de seu interesse naquela comissão. Da mesma maneira, o líder partidário tem prerrogativas formais sobre o processo legislativo. Uma alternativa é desenvolver relações com os parlamentares que ocupam esses cargos, de modo a influenciá-los.

O quarto caminho não é popular no atual momento de polarização política: desenvolver relações com aliados não convencionais. A tarefa legislativa é a busca de consenso. Assim, os parlamentares que querem aprovar as suas proposições precisam convencer os seus pares mais à esquerda e mais à direita. No tempo que passei na Câmara, conheci diversos deputados próximos da esquerda que mantém conversa respeitosa com aqueles próximos da direita. O contrário também é verdadeiro. Esse trabalho precisa acontecer nos bastidores, longe dos holofotes da mídia e da sociedade civil, porque ele cria custo político. Por exemplo: um parlamentar mais à direita, que tem relacionamento com outro mais à esquerda, será cobrado por seus eleitores sobre o seu posicionamento ideológico e vice e versa. Assim, ele fará o trabalho de construir essas relações fora das instâncias formais do Congresso. Por último, o engajamento com a imprensa pode auxiliar o parlamentar a aprovar suas proposições de lei. A exposição na imprensa torna o parlamentar relevante na arena legislativa, conferindo-lhe influência (recurso necessário para ser eficaz).

Requerimentos

O Regimento Interno da Câmara prevê o uso de três tipos de requerimento por parte dos deputados. O primeiro tipo se refere aos feitos verbalmente ou por escrito, que estão sujeitos apenas à decisão do presidente da Câmara. Assim, são solicitações simples, como a permissão para falar sentado ou para prorrogar o tempo de fala. Caso o presidente não atenda ao requerimento, o parlamentar pode recorrer ao plenário, onde todos os outros deputados poderão decidir sobre o seu pedido.

O segundo tipo se refere aos requerimentos que devem ser analisados tanto pelo presidente da Câmara quanto pela Mesa Diretora. Esses requerimentos podem solicitar informações a ministros de Estado e inserção, nos anais da Câmara, de informações, documentos ou discursos de representantes de outro poder. O presidente e a Mesa têm cinco sessões para deliberar sobre eles e a decisão é publicada no Diário da Câmara dos Deputados.

O terceiro tipo se refere aos requerimentos que devem ser aprovados pelo plenário da Câmara. Esses solicitam representação da Câmara por comissão externa; convocação de ministro de Estado perante o plenário; sessão extraordinária; sessão secreta; não realização de sessão em determinado dia; retirada da ordem do dia de proposição com pareces favoráveis, ainda que pendente do pronunciamento de outra comissão de mérito; prorrogação de prazo para a apresentação de parecer por qualquer comissão; audiência de comissão, quando formulados por deputados; destaque; adiamento de discussão ou de votação; encerramento de discussão; votação por determinado processo; votação de proposição, artigo, por artigo, ou de emendas, uma a uma; dispensa de publicação para votação da redação final; urgência; preferência; prioridade; voto de pesar; e voto de regozijo ou louvor.

Segundo os cientistas políticos Taeko Hiroi e Lucio Rennó, os tipos mais frequentes na Câmara dos Deputados entre 1991 e 2010 foram os requerimentos para destaque em votação em separado (DVS, mencionado anteriormente) e os de retirada de pauta (usado para tirar determinada matéria da agenda do dia) – ambos usados para travar a pauta. De fato, os autores apontam um aumento no uso das práticas de obstrução ao longo desse período, notando que os deputados "gastam muito tempo e recursos se dedicando a travar batalhas procedimentais pelo controle da agenda."[22]

É importante distinguir o requerimento de urgência do de "urgência urgentíssima". Ambos estabelecem que uma proposição tramite em regime de urgência. O requerimento de urgência é regido pelos artigos 153 e 154 do Regimento Interno da Câmara, podendo ser apresentado quando trata de matéria

---

[22] Ver "Obstrução e Processo Decisório na Câmara dos Deputados: 1991 a 2010", Taeko Hiroi e Lucio Rennó, Texto para Discussão do IPEA, 2014, disponível no *link* https://repositorio.ipea.gov.br/handle/11058/3014. Acesso em: 25 de março de 2024.

que envolva a defesa da sociedade democrática e das liberdades fundamentais; providência para atender calamidade pública; prorrogação de prazos legais ou a adoção ou alteração de lei; e se quer apreciar matéria em uma mesma sessão (neste caso, basta que exista interesse majoritário dos deputados para que ela ganhe o status de urgente). Só podem apresentá-lo dois terços dos membros da Mesa Diretora, um terço dos deputados (ou líderes que representem esse número) ou dois terços dos membros de comissão competente sobre o mérito da proposição. O requerimento de urgência não exige discussão em plenário e é aprovado por maioria simples. Além disso, havendo duas matérias tramitando em regime de urgência devido a requerimento aprovado em plenário, não se pode votar outro (parágrafo segundo do artigo 154).

O artigo 155 do Regimento Interno trata do que ficou conhecido como o requerimento de "urgência urgentíssima". A proposição que tiver o requerimento de urgência urgentíssima aprovado pode ser incluída automaticamente na ordem do dia para discussão e votação imediata, ainda que a sessão na qual ele foi apresentado já tenha iniciado. O requerimento de urgência urgentíssima deve ser solicitado pela maioria absoluta do total de deputados ou de líderes que representem esse número. Além disso, a proposição deve tratar de tema de relevante e inadiável interesse nacional. Este requerimento, que deve ser aprovado por maioria absoluta dos deputados, não está sujeito à limitação do parágrafo segundo do artigo 154 descrita acima.

No Senado, também há quatro tipos de requerimento. O primeiro é oral e trata de leitura de qualquer matéria sujeita ao conhecimento do plenário, de ratificação da ata, de inclusão em ordem do dia de matéria que respeitam os ritos regimentais e de permissão para falar sentado. O presidente do Senado decide sobre esses requerimentos sozinho. O segundo é escrito e dependente de decisão também do presidente do Senado. Esses requerimentos tratam de publicação de informações no Diário do Senado Federal; esclarecimentos sobre atos da administração interna do Senado; retirada de indicação ou requerimento; reconstituição de proposição; retirada de proposição, desde que não tenha recebido parecer de comissão e não conste na ordem do dia; publicação de documentos no Diário do Senado Federal para transcrição nos anais; e conversão de proposição em indicação.

O terceiro tipo também é escrito, mas dependente de decisão apenas da Mesa Diretora. Esses requerimentos tratam de informação de ministro de Estado ou a qualquer titular de órgão diretamente subordinado à presidência da República; licença; tramitação em conjunto de proposição regulando a mesma matéria (exceto se a proposição constar na ordem do dia ou for objeto de parecer aprovado em comissão). O quarto tipo é escrito e dependente de aprovação do plenário, com a presença de, no mínimo, um décimo do total de senadores. Esses requerimentos tratam de prorrogação do tempo da sessão e de homenagem de pesar, inclusive levantamento da sessão.

Exemplos de formulação de lei

O trabalho feito pelo Congresso que ganha destaque na imprensa é apenas uma fração do que os parlamentares fazem todos os dias. Os jornalistas tendem a cobrir mais as atividades no plenário relacionadas com proposições de leis salientes ou polêmicas. Por exemplo, enquanto escrevo este livro, a Câmara dos Deputados acaba de aprovar a PEC da Reforma Tributária em dois turnos de votação. Esse é um tema de interesse para a imprensa porque mobiliza muitos grupos de interesse no país, inclusive os próprios governadores, já que o sistema tributário tem efeito direto na arrecadação dos estados. Ao cobrir apenas essa fatia do trabalho parlamentar, a mídia deixa de lado tanto partes importantes do processo legislativo (onde a maior parte das discussões e negociações acontecem) quanto temas importantes dos pontos de vista econômico, social e cultural. Essa cobertura limitada torna a visão dos cidadãos brasileiros sobre o trabalho parlamentar míope. Há a percepção de que não há – em nenhum momento ou circunstância – a preocupação com o bem público no Congresso. Também se cria a ideia de que os parlamentares trabalham pouco ou nunca trabalham. Nada disso é verdade.

Falei anteriormente sobre a aprovação da Lei de Adoção, originada no projeto de lei 5850/2016, de autoria do deputado Augusto Coutinho. A lei tenta resolver um problema antigo no país: o descompasso entre o número de crianças elegíveis para adoção e o número de adultos dispostos a adotar no país. Das 47 mil crianças em orfanatos, apenas 7.300 podem ser adotadas, enquanto há 33 mil pessoas aptas a fazê-lo. Isso acontece por conta de demora do sistema judicial em processar as crianças no sistema nacional de adoção. Quando elas finalmente são inseridas no sistema, já estão quase na fase adolescente. A adoção está na agenda do Congresso desde 1991, quando o deputado Cleto Falcão apresentou um projeto de lei tentando dar conta da questão. Entre 1991 e 2021, 33 outras proposições sobre o assunto foram introduzidas e apenas uma delas virou lei: a do deputado Augusto Coutinho.

Como expliquei acima, as ações do deputado Sóstenes Cavalcante como relator foram fundamentais para a aprovação da lei. Cavalcante tomou conhecimento sobre a questão através de grupos de defesa das crianças e dos adolescentes em seu gabinete em Brasília. Como é parte da bancada evangélica e se identifica como o deputado da "família", abraçou a pauta e a levou para o então presidente da Câmara, Rodrigo Maia. Maia disse a ele que se encontrasse um projeto de lei que tratasse do problema, ajudaria a acelerar a tramitação. Aqui vale fazer uma nota: em vez de sugerir a Cavalcante a elaboração de seu próprio projeto de lei, Maia sugeriu que ele buscasse algum já existente sobre o tema. A sugestão ecoa a discussão acima sobre a importância dos relatores para o processo legislativo brasileiro.

Foi o que Cavalcante fez: identificou o PL de Augusto Coutinho e logo apresentou um requerimento de urgência para aprová-lo. A essa altura, organizou um grupo de trabalho informal para estudar o PL e preparar um substitutivo que pudesse ser apresentado ao plenário da Câmara. Como queria criar consenso sobre o projeto, convidou deputados dos partidos de esquerda, como Maria do Rosário, do PT, além do próprio Augusto Coutinho e representantes da sociedade civil. A ideia era minimizar a resistência ao projeto no plenário, já que os evangélicos eram contra a adoção por casais homossexuais, enquanto os petistas eram contra a adoção por casais estrangeiros. Iniciou-se, então, o trabalho de negociação no bastidor, que foi essencial para a aprovação da lei. Por exemplo, a proibição da adoção por casais homossexuais foi suprimida do texto final, assim como a possibilidade de adoção por estrangeiros. Seis meses depois, através de um acordo com Maia, Cavalcante tornou-se relator do projeto em plenário. O PL foi aprovado por unanimidade no plenário da Câmara e, depois, no Senado.

Outro exemplo de formulação de lei que passou despercebido: a manutenção do Fundo de Manutenção e Desenvolvimento da Educação Básica (Fundeb), fundo criado em 2007 para financiar a educação pública. Aprovada em 2021, a Emenda Constitucional 108 tornou o Fundeb permanente e ampliou o montante de recursos destinados à educação pública pelo governo federal. A emenda teve origem na PEC 15/2015, introduzida pela deputada Raquel Muniz e relatada pela deputada Professora Dorinha Seabra Rezende na Câmara e pelo senador Flávio Arns no Senado. O trabalho de costura de apoio foi tão intenso nesse caso que, depois de passar pela Câmara, a PEC foi aprovada em dois turnos no Senado como saiu da primeira casa – a única modificação foi uma emenda supressiva. A participação da sociedade civil, em especial do Todos pela Educação, foi essencial para a aprovação da PEC, principalmente no que diz respeito ao subsídio informacional (ou seja: a entidade auxiliou os parlamentares a entenderem as especificidades do Fundeb e a sua importância para o país).

O Congresso é responsável pela lei que criou o Programa de Proteção e Promoção da Saúde Menstrual. O programa combate a precariedade menstrual, enviando absorventes gratuitos para alunas dos ensinos fundamental e médio, mulheres em situação de vulnerabilidade e presidiárias. O projeto que deu origem à lei foi o PL 4.968/2019, da deputada Marília Arraes, e foi abraçado pela bancada feminina da Câmara e do Senado. A bancada feminina brigou pela aprovação, inclusive após o veto ao projeto do ex-presidente Jair Bolsonaro, que alegou falta de previsão de fontes de custeio e incompatibilidade com a autonomia das escolas. Para derrubar o veto, os parlamentares mais uma vez se mobilizaram com organizações da sociedade civil. Essa é uma constante na história da formulação de políticas públicas: o Congresso tende a produzir políticas públicas mais alinhadas com as necessidades econômicas, sociais e culturais do país quando se une à sociedade civil.

Voltando ao parágrafo inicial: o Congresso não opera em prol do bem público o tempo todo. Do mesmo jeito que não são todos os parlamentares que se empenham em resolver problemas sociais. Pelo contrário: o meu trabalho sobre eficácia legislativa na Câmara dos Deputados estima que apenas um terço dos deputados está preocupado em tentar aprovar proposições de sua autoria ou relatoria. O meu ponto é que as histórias sobre o mau funcionamento do Congresso já são conhecidas. Obviamente, devem sempre ser contadas (aqui recomendo o livro *Dinheiro, eleições e poder: As engrenagens do sistema político brasileiro*, de Bruno Carazza e publicado em 2018 pela editora Companhia das Letras), mas precisamos contar também as histórias do Congresso que cumpre o seu papel de formulador de leis.

Um caso especial de formulação de lei: o orçamento

O Congresso também é fundamental para a formulação do conjunto de leis orçamentárias do país:[23] o Plano Plurianual (PPA), a Lei de Diretrizes Orçamentárias (LDO), a Lei Orçamentária Anual (LOA) e os créditos adicionais. Essas são as leis que viabilizam os planos de governo (despesas) para determinados períodos, usando em grande parte os recursos provenientes dos impostos que pagamos como cidadãos (receitas).

Comecemos pela descrição de cada aparato orçamentário. O PPA traz o planejamento estratégico para cada região do país, com diretrizes, objetivos e metas da administração federal durante quatro anos. O projeto do PPA é enviado ao Congresso pelo poder Executivo até o dia 31 de agosto do primeiro ano de mandato de cada governo empossado. Assim, começa a valer no segundo ano do mandato em questão e expira no primeiro ano do próximo mandato. Ao estabelecer essa duração, os constituintes de 1988 buscavam reduzir a interferência partidária na elaboração do PPA. O PPA deve ser devolvido pelo Congresso à presidência da República para sanção até o fim da sessão legislativa em questão (em regra, até 22 de dezembro do ano de sua introdução).

No momento em que escrevo este livro, o Ministério do Planejamento e Orçamento e a Secretaria Geral da Presidência da República estão organizando o PPA Participativo para os anos de 2024-2027. O governo abriu espaço on-line para os cidadãos participarem do processo de elaboração do PPA.

---

[23] Como ressaltam Luiz Cláudio Alves dos Santos, Miguel Gerônimo da Nóbrega Netto e André Corrêa de Sá Carneiro no livro *Curso de Regimento do Congresso Nacional*, publicado em 2019 pela editora Edições Câmara, o primeiro aparato orçamentário do país apareceu com a Constituição de 1824, promulgada logo após a independência. A Constituição de 1988 foi a primeira a estabelecer um conjunto de normas integradas com o planejamento para curto, médio e longo prazo.

Além disso, está realizando plenárias presenciais para recolher as sugestões de cidadãos de todas as capitais brasileiras. O projeto de lei do PPA 2024-2027 será elaborado com base nesse *input* e em considerações técnicas.

O PPA serve como base para a elaboração da Lei de Diretrizes Orçamentárias (LDO) e da Lei Orçamentária Anual (LOA), ambas de vigência anual. A LDO fixa as prioridades do governo federal e orienta a elaboração da LOA, que estima a receita e fixa a despesa para o ano seguinte.[24] A LDO deve ser enviada para o Congresso até o dia 15 de abril e ser devolvida para sanção presidencial até o fim do primeiro período legislativo (17 de julho do ano em que foi introduzida). Já a LOA tem o mesmo prazo do PPA (31 de agosto e deve ser devolvida para sanção presidencial até o fim da sessão legislativa em que foi apresentada). É importante ressaltar que a não aprovação da LDO no prazo limite (15 de abril do exercício financeiro) reduz ou impede oficialmente o recesso parlamentar anual previsto para 18 de julho. Entretanto, na prática, os presidentes das casas legislativas fazem acordos com os líderes partidários para não convocar sessões em determinados períodos – o que é conhecido como "recesso branco".

A iniciativa dos projetos de lei orçamentários é de competência exclusiva do presidente da República.[25] As três peças orçamentárias – PPA, LDO e LOA[26] são analisadas por uma

---

[24] A LOA é constituída pelo orçamento fiscal, o orçamento de investimento e o orçamento da Seguridade Social. Em outras palavras, ela especifica as receitas e despesas dos poderes da União, seus fundos, órgãos e entidades da administração direta e indireta; o orçamento de investimentos das empresas em que a União tem, direta ou indiretamente, a maioria do capital social com direito a voto; e o orçamento da Seguridade Social (saúde, previdência e assistência social).

[25] Constituição Federal, artigos 84, incisos III e XXIII e 164, caput.

[26] A tramitação da LOA começa com a leitura da Mensagem do Presidente da República encaminhando no Congresso, que tem 48 horas para fazer isso

Comissão Mista (formada por 30 deputados e 10 senadores, com a mesma quantidade de suplentes). Na Comissão Mista, são necessários cinco deputados e dois senadores para que os trabalhos de deliberação sejam abertos. No processo de análise do PPA, da LDO e da LOA, a Comissão Mista pode ter ajuda das comissões permanentes da Câmara e do Senado, que colaboram com a análise de programas e dotações orçamentárias em suas áreas temáticas. As comissões permanentes podem emitir pareceres sobre anexos específicos, especificamente sobre as áreas de sua competência. Esses pareceres devem ser enviados pelo presidente da Comissão Mista para o relator do projeto de lei orçamentário, para que sirva como subsídio à análise. Quando elaborar o seu parecer, o relator deve fazer referência explícita aos aportes feitos pelas comissões permanentes.

Os parlamentares podem apresentar emendas ao projeto da LOA na Comissão Mista, que emite parecer sobre as mesmas a ser votado no plenário do Congresso (sessão conjunta da Câmara e do Senado). Entretanto, os legisladores não têm carta branca para fazer quaisquer ajustes ao orçamento. Em relação ao PPA, os parlamentares não podem apresentar emendas que aumentem despesa; em relação à LDO, só podem apresentar emendas compatíveis com o PPA. As emendas à LOA devem ser compatíveis com o PPA e a LDO e se encaixar nos critérios descritos no parágrafo 3º do artigo 166 da Constituição (incisos I, II e II). Há emendas orçamentárias feitas por parlamentares para alocar recursos aos seus estados e municípios. Essas emendas recebem bastante atenção por parte da imprensa, que frequentemente as caracterizam de

---

depois da entrega da Mensagem ao Presidente do Senado – que é também o Presidente do Congresso. Na sequência, o projeto da LOA é apreciado pela Comissão Mista.

maneira equivocada. Como cumprem papel importante no sistema de representação democrática, tratarei delas no próximo capítulo.

Após a análise por parte da Comissão Mista, os projetos de lei orçamentários seguem para o plenário do Congresso (sessão conjunta da Câmara e do Senado), onde os parlamentares votam em decisão final. Para abrir os trabalhos de deliberação do Congresso, são necessários 86 deputados e 14 senadores. As votações sempre começam pela Câmara dos Deputados. Se a maioria dos parlamentares de uma das casas votar contra a matéria, ela é rejeitada. Na sequência, volta ao presidente da República, que pode sancioná-la ou vetá-la. Caso o presidente vete parte ou o todo do projeto, o Congresso precisará decidir se mantém ou não o veto em sessão conjunta.

Porque é sempre possível que os valores estipulados na LOA não sejam suficientes para dar conta de políticas públicas, ela pode ser alterada via créditos adicionais, que atendem despesas não-autorizadas ou não previstas. Há três tipos de créditos adicionais: suplementar, especial e extraordinário. Créditos suplementares são reforços de dotações orçamentárias, autorizados por lei e abertos por decreto do Executivo. Créditos especiais são criados para atender às despesas não previstas na lei orçamentária; também são autorizados por lei e abertos por decreto do Executivo. Créditos extraordinários atendem às despesas imprevisíveis e urgentes (por exemplo: guerra, comoção interna e calamidade pública). Esses créditos são autorizados por medida provisória e abertos por decreto do Executivo.

4. O Congresso, representação política e prestação de serviços

As eleições são o mecanismo institucional que nos permitem escolher os representantes que governarão por nós. Assim, os parlamentares não só formulam as leis que regem a sociedade na qual vivemos – eles também cumprem o papel de nos representar no Congresso. A representação política na arena legislativa acontece de duas maneiras. Primeiro, os parlamentares podem representar características nossas ou dos grupos aos quais pertencemos. Por exemplo, como mulher, posso priorizar a eleição de parlamentares mulheres, que compartilham o mesmo gênero comigo. É o que chamamos de representação descritiva. Segundo, os parlamentares podem representar os interesses daqueles que os elegeram. Por exemplo, posso priorizar a eleição de parlamentares que atuam na área da educação. É o que chamamos de representação substantiva. As emendas orçamentárias, discutidas mais abaixo, são um caso especial de representação substantiva.

O Congresso brasileiro tem problemas sérios de representação descritiva. Segundo a organização intergovernamental

Idea Internacional, apenas 18% dos deputados e 15% dos senadores eram mulheres em 2022. Ao mesmo tempo, há mais brasileiras do que brasileiros no país: segundo o IBGE, 51,1% da população era composta por mulheres em 2022. Segundo a União Interparlamentar (UIP), a média da participação das mulheres em legislativos de 193 países em 2022 foi de 26,4%. Em outras palavras: se aplicássemos essa média ao contexto brasileiro, teríamos 135 deputadas e 21 senadoras. Não por acaso, o Brasil está em 146º lugar na participação feminina em Legislativos na lista desses países.

Esse descompasso acontece a despeito de mudanças feitas na legislação eleitoral para aumentar o número de mulheres no Congresso. A partir de 2018, a Lei das Eleições (Lei 9.504 de 30 de setembro de 1997) passou a exigir que cada partido[1] reservasse o mínimo de 30% das vagas com candidatos de um dos sexos nas eleições proporcionais (no caso do Congresso, as eleições para deputados federais). A obrigatoriedade do preenchimento da quota (ou seja: não basta mais reservar as vagas; os partidos são obrigados a preenchê-las) começou a valer em 2009 com a promulgação da Lei 12.034.

A Emenda Constitucional 117 de 2021 obrigou os partidos políticos a destinarem no mínimo 30% dos recursos públicos para campanhas eleitorais de candidaturas femininas (a distribuição deve ser proporcional ao número de candidatas). A determinação vale igualmente para o Fundo de Financiamento de Campanha (o Fundo Eleitoral) e para o Fundo Partidário. Os partidos também são obrigados a destinar no mínimo 30% do tempo de propaganda gratuita no rádio e na televisão às mulheres. Além disso, 5% do Fundo

---

[1] A lei também estipulou a mesma obrigação para as coligações, que foram abolidas com a Emenda Constitucional 97 de 2017.

Partidário deve ser destinado para a criação e manutenção de programas de promoção e difusão da participação política das mulheres. Por fim, a Emenda Constitucional 111 de 2021 também estabeleceu que os votos dados às mulheres contam em dobro para a distribuição dos recursos do Fundo Eleitoral entre os partidos políticos.

O efeito das mudanças parece ser misto (para efetivamente aferi-lo seria necessário conduzir análise estatística minuciosa). O número de mulheres na Câmara dos Deputados aumentou quase 50%, passando de 45 em 2010 para 91 em 2022. No Senado, o aumento foi também da ordem de 50%, de 7 senadoras em 2010 para 15 em 2022. Ao mesmo tempo, nas eleições de 2022, a imprensa revelou que alguns partidos como o PSL, o MDB e o PSD usaram candidaturas femininas de fachada para atingir o percentual mínimo de candidatas. Segundo o jornal *O Globo*, o Tribunal Superior Eleitoral (TSE) cassou a candidatura de pelo menos 74 vereadores e 1 deputado estadual desde a eleição de 2020 em 14 estados.[2]

O problema da representação descritiva não está restrito às mulheres. Segundo o IBGE, 56,1% da população brasileira era negra (47% parda e 9,1% preta) em 2022, mas o percentual de parlamentares negros segue baixo no país. A Emenda Constitucional 111 de 2021 também buscou incentivar candidaturas de pessoas negras. Os votos nesses candidatos são contados em dobro para a distribuição de recursos do Fundo Eleitoral entre os partidos políticos. Além disso, a distribuição do Fundo Eleitoral deve ser proporcional às candidaturas de pessoas negras. Em 2018, havia 123 deputados negros (21 pretos e 102 pardos), número que aumentou em apenas 9% em

---

[2] Candidaturas laranjas de mulheres levaram à cassação de 75 políticos desde a eleição de 2020", *O Globo*, Luísa Marzullo, 25 de abril de 2023.

2022, quando se registrou 135 deputados negros (27 pretos e 108 pardos).[3] Mas esse pequeno aumento, contudo, pode não ser justificado exclusivamente por mudanças institucionais. Isso porque a mudança na distribuição de recursos pode ter inflado o número de candidatos que se autodeclararam pretos ou pardos ao TSE.

Também há problemas de representação descritiva ligados à população LGBTQIAPN+ (lésbicas, gays, bissexuais, travestis, transexuais, transgêneros e outros grupos, como assexuais e não-binários). Em 2018, a organização não-governamental VoteLGBT+ contabilizou 157 candidaturas LGBTQIAPN+. O número subiu para 304 em 2022, o que representa um aumento de 94% (os dados dizem respeito às candidaturas aos legislativos federal e estaduais).[4] Entretanto, só foram eleitas duas parlamentares *trans* nesta última eleição, ambas para a Câmara dos Deputados: Duda Salabert (PDT-MG) e Erika Hilton (PSOL-SP).

O país registrou aumento de candidaturas indígenas em 2022. Em 2018, eram 134 candidatos, número que subiu para 178 em 2022.[5] Foram eleitos cinco deputados indígenas naquele ano: Célia Xakriabá (PSOL-MG), Juliana Cardoso (PT-SP), Paulo Guedes (PT-MG), Silvia Waiãpi (PL-AP) e Sônia Guajajara (PSOL-SP). Como esses números não são usados para distribuição de recursos públicos entre os partidos, eles estão menos sujeitos a possíveis distorções de autodeclaração.

---

[3] "Bancada negra cresce no Congresso, mas aumento é abaixo do registrado em 2018", *Folha de S. Paulo*, Priscila Camazano e Marina Lourenço, 3 de outubro de 2022.

[4] "Candidaturas LGBT+ crescem 94% nas eleições de 2022, aponta ONG", *CNN Brasil*, Gabriela Ghiraldelli, 19 de agosto de 2022.

[5] "Número de candidaturas indígenas é o maior desde o início da autodeclaração", *Agência Câmara dos Deputados*, 25 de agosto de 2022.

Por que a representação descritiva é tão importante? Porque a democracia brasileira está ancorada em um sistema no qual o eleitor escolhe os representantes que deseja ver em cargos eletivos. Não usei o verbo "ver" por acaso: a representação descritiva é o exercício de nos enxergarmos nos representantes que elegemos. Esse exercício é importante porque os cidadãos dão valor ao sistema democrático quando se enxergam nele – quando percebem que pessoas com as quais compartilham gênero, raça ou orientação sexual ocupam cargos eletivos. A representação descritiva cria nos cidadãos uma expectativa dupla: a de que eles também podem ter acesso ao processo decisório (caso se candidatem) e a de que os seus interesses podem ser atendidos por políticos que lidam com os mesmos problemas (atenção: o que nem sempre acontece).

A representação substantiva acontece quando o comportamento dos parlamentares reflete os interesses daqueles que os elegeram. Em uma visão ideal do funcionamento da democracia, os eleitores escolhem os parlamentares com base nas suas propostas de políticas públicas, como educação, saúde, meio ambiente ou segurança pública. As eleições revelam a "vontade" ou as "preferências" da maioria da população sobre temas diversos. É a ideia de soberania popular: democracia pelo povo, para o povo.

No livro *Democracy for Realists: Why Elections Do Not Produce Responsive Government*, publicado pela editora Princeton University Press em 2017, os cientistas políticos Christopher Achen e Larry Bartels defendem que a visão convencional na democracia – na qual eleitores com preferências sobre políticas públicas escolhem líderes que as adotarão, fazendo com que a vontade da maioria vire, de fato, política pública – não funciona como imaginamos. Para eles, essa "teoria folclórica" parte do pressuposto de que os cidadãos são informados e engajados para tomar decisões. Mas, segundo eles, a maior parte dos cidadãos não têm interesse em política ou são mal-informados. Assim, são incapazes, ou relutantes, de desenvolver preferências por políticas públicas coerentes e expressá-las por meio do voto. Para eles, a representação substantiva não passa de uma ilusão, porque as eleições não garantem a mudança em políticas públicas. Nesse cenário, os políticos se sentem livres para irem atrás de suas próprias ideias do que é o bem público ou para responder à pressão de partidos políticos e grupos de interesse.

Achen e Bartels também são críticos à teoria do voto retrospectivo, segundo a qual os eleitores, em vez de escolherem candidatos com base nas plataformas de políticas públicas, punem políticos incumbentes por sua performance. Essa visão sobre como funciona a relação entre eleitores e eleitos vem do economista Joseph Schumpeter, para quem as eleições são *apenas* mecanismos de seleção de líderes. Aqui, os resultados de eleições não dependem de ideias sobre políticas públicas, mas da aprovação ou da rejeição da performance dos políticos eleitos. O problema é que mesmo a habilidade dos eleitores de fazer julgamentos sensatos a respeito do crédito e da culpa dos políticos é limitada. Por exemplo, no verão de 1916, houve ataques de tubarões nas praias do estado de Nova Jersey, nos Estados Unidos, que mataram quatro pessoas. Como consequência, os moradores passaram a evitar as praias, provocando retração na economia local. O presidente Woodrow Wilson estava concorrendo à reeleição naquele ano, e tentou de tudo para resolver o problema, mas obviamente é difícil controlar o comportamento de tubarões. Os ataques não foram culpa de ninguém, mas os eleitores não entenderam assim: na região onde eles ocorreram, o voto em Wilson caiu radicalmente.

Os autores propõem a "teoria de grupo", segundo a qual os cidadãos fazem parte de grupos com identidades sociais ligadas a questões de gênero, raça, etnia e religião. "A maior parte das pessoas são fortemente atraídas pela adesão a esses grupos e pelas justificativas ideológicas que sustentam a vida nos mesmos", eles escrevem. A lealdade ao grupo (e, por consequência no caso norte-americano, ao partido político) é o bloco estruturante da representação – e não as preferências por políticas públicas. Nesse sentido, os eleitores estariam mais preocupados em materializar a intersecção entre representação descritiva e substantiva do que qualquer outra coisa. Em outras palavras: vivemos em um sistema no qual os eleitores elegem políticos que compartilham com eles características de gênero, raça, etnia ou orientação sexual na expectativa de que os políticos defendam justamente esses interesses.

A aplicação do trabalho de Achen e Bartels ao caso brasileiro traz um cenário diferente do norte-americano. Nos Estados Unidos, os partidos políticos fazem a intermediação entre os grupos sociais e os eleitores. Os partidos cumprem diversas funções no sistema político e uma delas é justamente mediar os diversos conflitos dos grupos sociais que deles se aproximam. No Brasil, o único partido político que opera como tal é o Partido dos Trabalhadores (PT).[6] Assim, grupos formados com base em gênero, raça, orientação sexual e religião transitam pelo sistema político sem mediação institucional efetiva por parte dos outros partidos. Essa "cooptação" é mais evidente nas eleições

---

[6] Segundo os cientistas políticos David Samuels e Cesar Zucco, o PT é o único partido brasileiro a cultivar identidade partidária no país (para os autores, a justificativa está na estratégia organizacional do partido; ver Samuels, D., & Zucco, C. (2015). Crafting Mass Partisanship at the Grass Roots. *British Journal of Political Science*, 45(4), 755-775. doi:10.1017/S0007123413000549). O livro *Party Systems in Latin America*, editado por Scott Mainwaring e publicado pela editora Cambridge University Press em 2018, também considera o Partido dos Trabalhadores (PT) como o partido mais institucionalizado no Brasil.

proporcionais para deputado federal. Por exemplo, igrejas evangélicas apoiam os seus próprios candidatos, que, ao serem eleitos, formam a bancada evangélica na arena legislativa para defender os interesses dos cidadãos evangélicos. Outro exemplo são as entidades do agronegócio, que enviam (e financiam, em muitos casos) os seus representantes ao Congresso, onde eles formam a bancada do agronegócio. Talvez, por isso, as frentes parlamentares (ou bancadas temáticas) descritas no terceiro capítulo sejam tão fortes no país. A política fora da esfera partidária se torna mais segmentada do que precisaria ser.

Diante da possível inviabilidade da representação substantiva, quais são as alternativas? Essa pergunta se torna ainda mais importante no contexto atual de crise democrática. Dados do *Pew Research Center* têm mostrado que grandes parcelas dos cidadãos de muitos países – inclusive os que abrigam democracias mais consolidadas – estão insatisfeitos com o funcionamento de seus sistemas políticos. Os sistemas democráticos padecem por não entregar resultados aos seus eleitores, que perdem de vista o seu valor intrínseco. A representação descritiva pode lembrá-los desse valor. Mas é preciso ter cautela: a linha que separa a representação descritiva (se enxergar no sistema político) da política identitária (o fazer político com base apenas em considerações de gênero, raça ou orientação sexual) é tênue. A cientista política Sheri Berman tem escrito sobre os perigos de se fazer política exclusivamente identitária. No livro *The Primacy of Politics: Social Democracy and the Making of Europe's Twentieth Century*, publicado pela editora Cambridge University Press em 2016, ela lembra como a política (e, em especial, a social-democracia) tem a força de unir os cidadãos por priorizar a construção de consensos. Por outro lado, a política identitária separa os cidadãos por tornar salientes as diferenças entre eles.

Para além disso, é preciso ressignificar ideias que temos sobre o funcionamento da democracia. Estamos acostumados a pensar em políticas públicas apenas como as ações governamentais focadas no âmbito nacional, que frequentemente só se tornam visíveis aos olhos dos eleitores no longo prazo. Por exemplo, o Plano Nacional de Educação (PNE) determina as diretrizes, metas e estratégias para a política educacional brasileira no período de 2014 a 2024. Essa é uma política pública não-tangível da perspectiva dos cidadãos: os efeitos do PNE só serão vistos muitos anos após a sua promulgação em 2014. Isso porque o cumprimento do PNE exige articulação tanto entre entes federativos (governo federal e governos estaduais e municipais) quanto entre redes escolares, o que demanda tempo (não por acaso, o plano tem vigência de dez anos).

Mas nem todas as políticas públicas são desenhadas para atender problemas nacionais a longo prazo. Há aquelas criadas para atender problemas locais e pontuais e é aqui o espaço no qual o Congresso pode dar contribuições concretas à representação substantiva. Uma delas é a prestação de serviços ao eleitor, ou seja, o trabalho feito pelos parlamentares e as suas equipes para resolver problemas com agências do governo federal (dentro do escopo da lei; o termo em inglês para essa tarefa é *casework*).[7]

---

[7] O melhor material que li sobre o que constitui o casework, como ele é feito e a sua importância para os mandatos dos parlamentares e para a democracia em geral foi feito pela Fundação POPVOX, nos Estados Unidos (para a qual trabalho quando escrevo este livro; eu não fui responsável pela feitura deste material). A grande questão no contexto norte-americano é que o trabalho deve ser feito dentro do que estabelece a lei. Assim, os manuais de ética de ambas as casas legislativas estabelecem que os parlamentares devem usar apenas recursos oficiais (como o orçamento do próprio gabinete e suas equipes legislativas) para atender apenas os seus eleitores. A discussão sobre os moldes nos quais o casework acontece no Brasil é praticamente inexistente.

Um exemplo fictício: um eleitor liga para o gabinete de seu deputado federal em sua cidade para dizer que parou de receber os benefícios do Bolsa Família. Os assistentes legislativos do deputado tentam entender exatamente o que aconteceu e pedem a autorização do eleitor para ter acesso às suas informações no Ministério do Desenvolvimento e Assistência Social, Família e Combate à Fome. Os assistentes enviam um pedido de esclarecimento ao Ministério e, na sequência, trabalham com a equipe ministerial para entender o que justifica o corte do benefício para o eleitor. Descobrem que se trata de um erro burocrático, que é corrigido para que o eleitor volte a receber o aporte do Bolsa Família.

Como me contou um assessor parlamentar que trabalhou no Senado, no Brasil ainda é pouco comum que o cidadão entre em contato com o gabinete de seu parlamentar para resolver problemas desse tipo. Talvez porque haja pouca clareza por parte do eleitor de que ele pode acionar o seu representante no Congresso nesse sentido. Quem costuma fazer esse meio de campo entre o eleitor e o acesso aos serviços são os sindicatos, entidades patronais e grupos de interesse. Segundo o mesmo assessor parlamentar, os cidadãos geralmente entram em contato pedindo cópias da Constituição ou materiais sobre as casas legislativas.

No Brasil, é comum ver a mobilização de prefeitos e secretários municipais em nome dos eleitores de suas cidades. Quem conhece a rotina dos parlamentares em Brasília sabe que é comum ver prefeitos e secretários municipais visitando os anexos da Câmara para pedir que os deputados intercedam em favor de pedidos das suas regiões. Também é frequente ver deputados visitando a Esplanada dos Ministérios para pedir a ministros que resolvam pendências que afetam as suas bases eleitorais. Além disso, os deputados podem receber pedidos diretamente dos próprios eleitores, já que visitam as suas bases eleitorais entre sextas e segundas-feiras.

A prestação de serviços ao eleitor é o elo que liga diretamente os parlamentares aos cidadãos. A maior parte das pessoas não acompanha o que acontece nas comissões ou nos plenários da Câmara dos Deputados e do Senado. Também não é crível para os parlamentares voltarem às suas bases eleitorais e reivindicar crédito pela aprovação de proposições de lei (mesmo as de sua autoria), já que as leis são aprovadas por decisões majoritárias. É crível – isso sim – os parlamentares reivindicarem autoria pelos serviços que prestam às suas bases eleitorais. É um jogo de ganha-ganha (os parlamentares ganham votos e os eleitores investimentos ou benefícios necessários para si ou para as regiões em que moram) no qual a representatividade democrática ganha contornos reais.

Um caso especial de prestação de serviços aos eleitores são as emendas orçamentárias. No Brasil, as emendas orçamentárias são ferramentas que integram a Lei Orçamentária Anual (LOA) e são igualmente usadas para enviar recursos às bases eleitorais dos parlamentares. Há quatro tipos de emenda orçamentária no país: individuais (dos deputados ou senadores individualmente), de bancada (estaduais ou regionais), de comissão e as do relator-geral do projeto de lei orçamentário anual.

De maneira geral, as emendas orçamentárias servem a três propósitos fundamentais no sistema político brasileiro. Primeiro, alocam recursos necessários para melhorias nas bases eleitorais. Segundo, permitem aos parlamentares reivindicar autoria pelo envio desses recursos, já que elas geralmente estão atreladas a eles. Juntos, esses dois propósitos consistem em um elo importantíssimo do sistema democrático, já que é o sistema de responsabilização operando na prática. Terceiro, as emendas permitem ao presidente da República construir base de apoio legislativa.

O Brasil tem um sistema presidencialista multipartidário no qual o presidente eleito nunca obterá maioria no Congresso. Assim, precisa construir base de apoio para aprovar as proposições de seu interesse. Até 2015, o presidente tinha uma caixa ferramental para fazer isso, que incluía a distribuição de ministérios e cargos na burocracia estatal e a execução de emendas orçamentárias de modo a beneficiar os seus aliados (tratarei desse assunto no último capítulo). Esse "toma lá, dá cá" tanto criticado pela imprensa brasileira não é intrinsecamente antirrepublicano, já que a negociação política acontece em torno de recursos que são enviados para os eleitores. Seria ideal que a negociação ocorresse com base em programas de políticas públicas? Sim, mas não conheço nenhum sistema político que opere apenas com base na negociação de ideias. O Brasil não é nenhuma exceção nesse sentido.

O advogado Alisson A. Possa me contou um caso curioso sobre o contexto brasileiro. Enquanto estava em um gabinete na Câmara dos Deputados, viu uma prefeita de um município do Nordeste pedir recursos para adquirir uma máquina de raio-x para o hospital da cidade. A viagem até Brasília só tinha sido possível com o auxílio de parlamentares estaduais. Acompanhada de dois assessores, a prefeita fazia uma peregrinação pelos gabinetes, pedindo um montante de dinheiro a cada deputado. Segundo Alisson, ela dizia que "o hospital mais próximo fica a centenas de quilômetros, precisamos disponibilizar van, mas nem sempre tem espaço para todo mundo. E, às vezes, as pessoas chegam lá e não conseguem fazer o exame porque está lotado". Assim, no cálculo da prefeita, a máquina de raio-x beneficiaria não só o seu município, mas outras cidades da região. Os recursos para a compra da máquina seriam enviados ao município via emendas orçamentárias.

Portanto, não há problema intrínseco nas emendas orçamentárias. Isso não quer dizer que elas não podem ser melhoradas. O ideal seria que todas fossem transparentes e pensadas dentro do contexto de políticas públicas existentes, de modo que os recursos não ficassem descolados do que está sendo implementado ao redor do país. Ainda, seria importante estudar como esses recursos chegam às bases e fiscalizar o cumprimento da lei nesse processo. O último capítulo trará ideias de reformas para as emendas orçamentárias baseadas em estudos e nas experiências de outros países.

5. O Congresso e a fiscalização do Executivo

O presidencialismo multipartidário brasileiro é estruturado a partir do sistema de freios e contrapesos, no qual os três poderes – independentes e harmônicos entre si – se autorregulam. A Constituição Federal deu a cada poder a tarefa de controlar os outros poderes, criando assim um mecanismo de responsabilização horizontal. O Congresso brasileiro fiscaliza as ações do poder Executivo de três principais maneiras. Primeiro, o Tribunal de Contas da União (TCU) é o órgão que auxilia o Legislativo no acompanhamento e fiscalização da execução orçamentária do país. Segundo, as comissões permanentes da Câmara dos Deputados, do Senado e do Congresso acompanham as ações do Executivo de diversas maneiras. Terceiro, os parlamentares podem apresentar projetos de decreto legislativo para sustar atos normativos do poder Executivo.

O Tribunal de Contas da União (TCU) realiza a fiscalização das contas de qualquer pessoa física ou jurídica, pública ou privada, que utilize, arrecade, guarde, gerencie ou administre dinheiro, bens e valores públicos (o que inclui o governo federal). O TCU é formado por nove ministros e funcionários de carreira pública. Um terço dos ministros são nomeados pelo poder Executivo e dois terços deles pelo poder Legislativo (as nomeações parlamentares devem ser aprovadas pela Câmara dos Deputados e pelo Senado; as indicações presidenciais devem ser aprovadas pelo Senado). Além disso, dois dos nove ministros devem ser escolhidos entre os funcionários de carreira do órgão. Os candidatos ao cargo de ministro devem ter especialização em finanças, contabilidade, economia e administração pública e mais de dez anos de atividade profissional nessas áreas.

No livro *Inovação e rotina no Tribunal de Contas da União*, publicado em 2000 pela Fundação Konrad-Adenauer-Stiftung, Bruno Wilhelm Speck identifica quatro principais funções do TCU: atividades administrativas (como o registro de aposentadoria e pensões); atividades de assessoria (como a elaboração de parecer prévio sobre as contas do governo); atividades judiciárias (como o julgamento das contas do governo); e atividades de fiscalização (como investigações e auditorias). O exemplo mais recente de atividades de assessoria e judiciária se deu com a elaboração do parecer sobre e as contas do governo Jair Bolsonaro e sua subsequente aprovação (com ressalvas) em junho de 2023. De acordo com a cientista política Argelina Cheibub Figueiredo[1], o TCU também tem o poder de aplicar sanções, como multas proporcionais ao prejuízo causado aos fundos públicos. Por exemplo, em 2003, o TCU multou em R$ 20 mil, sete membros da diretoria executiva da Petrobrás por irregularidades

---

[1] Ver o texto "Instituições e Política no Controle do Executivo", *Dados*, 2001, disponível no *link* https://www.scielo.br/j/dados/a/NGMGWdsYGq7c59y7 ryyymsf/?lang=pt. Acesso em: 25 de março de 2024.

na participação no projeto "Comunicação Integrada de Governo", do governo federal.

Para além do TCU, há outras esferas de fiscalização dos atos do Executivo por parte do Legislativo. Na Câmara dos Deputados, o plenário ou as comissões podem solicitar informações aos ministros de Estado ou o comparecimento dessas autoridades. Há uma diferença entre convite e convocação. A ausência sem justificativa adequada a uma convocação implica crime de responsabilidade do ministro em questão. Caso isso aconteça, o presidente da Câmara pode promover a instauração do procedimento legal cabível. As autoridades também podem visitar a Câmara por iniciativa própria para expor assuntos de relevância de suas pastas. As regras são praticamente iguais no Senado, cujo Regimento Interno[2] estabelece como se dá a interação entre a casa legislativa e os ministros. Há também a possibilidade de pedido de informação feito pelo Congresso Nacional. O Regimento Comum[3] estabelece que o Congresso pode solicitar que a autoridade vinculada à presidência informe sobre assuntos relacionados com matéria em tramitação no Congresso ou sujeito à fiscalização do Legislativo. O prazo de resposta é de 30 dias, após o recebimento pelo ministro. O primeiro-secretário da Câmara é encarregado de encaminhar a solicitação do deputado à autoridade.

As Comissões Parlamentares de Inquérito (CPIs) investigam fatos relevantes para a vida pública e para a ordem constitucional, legal, econômica ou social do país. As CPIs têm poderes de investigação similares das autoridades judiciais. Elas podem determinar diligências, ouvir indiciados, inquirir testemunhas, requisitar informações e documentos

---

[2] Artigos 397-400 do Regimento do Senado.
[3] Artigo 50 do Regimento Comum.

a órgãos públicos e convocar quaisquer autoridades federais, estaduais e municipais. Além disso, podem se deslocar pelo território brasileiro para conduzir investigações ou audiências públicas. Podem também determinar prisão em flagrante durante os seus trabalhos.

Em 2022, o senador Renan Calheiros, relator da CPI da Pandemia, pediu a prisão do ex-secretário de Comunicação Social da Presidência Fabio Wajngarten. A CPI investigava possíveis omissões e irregularidades na condução da pandemia por parte do Ministério da Saúde e outros órgãos federais durante o governo Jair Bolsonaro. Calheiros acusou Wajngarten de mentir em seu depoimento à comissão. O presidente da CPI, Omar Aziz, negou o pedido, mas, em tese, as CPIs têm o poder de prender quem se encontre em flagrante delito. Mas, atenção: as CPIs não podem julgar ou punir investigados, tampouco determinar medidas cautelares ou expedir mandados de busca e apreensão. Seu papel é o de investigar fatos dentro do escopo descrito acima. Os relatórios produzidos pelas CPIs devem ser enviados ao Ministério Público, órgão que promoverá a responsabilidade civil ou criminal dos infratores.

As CPIs podem ser criadas na Câmara dos Deputados ou no Senado – basta que um terço do total de membros da casa assine o requerimento de criação. Na Câmara, só podem funcionar cinco CPIs ao mesmo tempo. Há também as Comissões Parlamentares Mistas de Inquérito (CPMIs), cuja criação exige requerimento assinado por um terço dos senadores e um terço dos deputados. AS CPMIs são compostas pelo mesmo número de membros da Câmara e do Senado. As CPIs duram inicialmente 120 dias, prazo que pode ser prorrogado por mais 60 dias, caso o plenário das casas ou do Congresso aprovem tal extensão.

Como ressalta Argelina Cheibub Figueiredo, a própria conclusão dos trabalhos de uma CPI é indicador de sucesso, já que a aprovação e constituição de uma CPI não significa que a investigação será concluída (a maior parte "acaba em pizza", como diz o dito popular). Figueiredo relata uma série de possíveis caminhos para uma CPI. Por exemplo, algumas são aprovadas, mas não instaladas, já que os membros não são nomeados. As CPIs também servem como moeda de troca política: algumas são formadas para impedir a formação de outras ou apenas para sinalizar consequências políticas. No período analisado por Figueiredo em seu trabalho (1988-1999), os partidos fora do governo tiveram a taxa de conclusão de CPIs mais alta (21%), seguidos pelos partidos aliados (18%). Nenhuma CPI proposta por membros do partido do governo concluiu suas investigações.

Os cientistas políticos Matthew Taylor e Vinicius Buranelli[4] apontam dois entraves ao funcionamento das CPIs. Primeiro, as poucas interações institucionalizadas com outras organizações e o caráter temporário das comissões limitam a sua capacidade de conduzir investigações complexas. Segundo, as CPIs refletem os interesses da maioria do Congresso – que são, frequentemente, os mesmos interesses do poder Executivo. Assim, há conflitos de interesse que impedem essas comissões de funcionar como deveriam. Taylor e Buranelli acrescentam que as CPIs não conseguem gerar sanções concretas. O que elas mais fazem é impor custos reputacionais ou políticos.

Na esfera orçamentária, os deputados podem introduzir propostas de fiscalização e controle (proposições que pedem

---

[4] Ver "Ending Up in Pizza: Accountability as a Problem of Institutional Arrangement in Brazil", publicado na *Latin American Politics & Society* em 2007, disponível no *link* https://www.jstor.org/stable/4490507. Acesso em: 25 de março de 2024.

a apuração de irregularidades na administração pública). Ainda na Câmara, há a Comissão de Fiscalização Financeira e Controle, que acompanha e implementa a fiscalização contábil, financeira, orçamentária, operacional e patrimonial do governo federal, entre outras funções. No Senado, há a Comissão de Transparência, Governança, Fiscalização e Controle e Defesa do Consumidor, que igualmente exerce a fiscalização e o controle dos atos do poder Executivo. No âmbito do Congresso Nacional, há a Comissão Mista de Planos, Orçamentos Públicos e Fiscalização, na qual deputados e senadores examinam as contas apresentadas pelo governo federal e acompanham a fiscalização orçamentária.

Individualmente, os parlamentares também podem introduzir projetos de decretos legislativos, que, se aprovados, têm o poder de sustar decisões do governo federal. Um exemplo: o projeto de decreto legislativo 103/2023 susta os decretos 11.466 e 11.467 de 5 de abril de 2023, para impedir que o governo faça mudanças no Marco Legal do Saneamento Básico. No Senado, os parlamentares também podem propor requerimentos de avaliação de políticas públicas, como o Requerimento 13/2023, que pede à Comissão de Relações Exteriores e Defesa Nacional que avalie o Plano Nacional de Ação sobre Mulheres, Paz e Segurança. Os requerimentos foram instrumentos criados pela Resolução 44 de 2013 do Senado, que alterou o Regimento Interno daquela casa para autorizar as comissões permanentes a avaliarem políticas públicas do Executivo.

A Constituição de 1988 estabeleceu um arcabouço institucional que estimula a autorregulação dos poderes, inclusive devolvendo ao Congresso prerrogativas de formulação de políticas públicas inexistentes durante o regime autoritário de 1964. Mesmo assim, no pós-1988, o poder Executivo foi o ator predominante nos processos legislativos do país. O presidente brasileiro tem poderes extensivos, como o de editar medidas provisórias (que têm força de lei até serem analisadas pelo Congresso), de iniciar proposições de lei e de acelerar a tramitação dessas proposições, entre outros. Entretanto, o balanço de poder entre o Legislativo e o Executivo mudou ao longo dos últimos vinte anos. Esse é um dos assuntos que discutirei no próximo capítulo, sobre o Congresso hoje.

6. O Congresso hoje

O Congresso brasileiro passou por muitas transformações desde a promulgação da Constituição em 1988. Tratarei de duas delas neste capítulo: a institucionalização do Legislativo e a mudança no balanço de poder entre Executivo e Legislativo. Também abordarei um processo que ainda não está na agenda de debate público, mas deveria estar: a modernização do Congresso. Atenção: o termo modernização não se refere somente à incorporação de novas tecnologias ao cotidiano legislativo – a tecnologia é apenas um componente desse processo. Por modernização, entendo o processo pelo qual o funcionamento do Congresso fica mais eficaz, eficiente e transparente para os parlamentares (e, por consequência, para os cidadãos). O Legislativo brasileiro avançou nesse sentido nas últimas décadas, mas ainda há muito trabalho a ser feito.

Institucionalização do Legislativo

O cientista político Samuel Huntington define "institucionalização" como o processo através do qual as instituições se tornam adaptáveis, complexas, autônomas e coerentes. Vamos por partes. Instituições adaptáveis existem ao longo dos anos apesar dos desafios às quais estão submetidas. Tornam-se complexas à medida em que não dependem de um só indivíduo para funcionar. Instituições autônomas existem independentemente da vontade de atores ou grupos sociais específicos. Por fim, nas instituições coerentes, há consenso sobre o que elas são e os procedimentos para a resolução de conflitos quando eles aparecem.

Essa definição me leva a argumentar que o Congresso brasileiro se tornou mais institucionalizado desde a promulgação da Constituição. Por exemplo, ele segue em pé apesar dos inúmeros desafios aos quais está submetido, como o alto nível de fragmentação partidária, que seria condição necessária para que ele não fosse minimamente operacional (como ocorre, por exemplo, no Peru). O funcionamento do nosso Legislativo também não depende da autorização do presidente da República (ou de uma junta militar, como já aconteceu em um passado recente). Mais: apesar de identificarmos níveis de captura no Legislativo por interesses privados, ele ainda é capaz de produzir leis que prezam pelo bem público. Hoje é possível dizer que sabemos o papel do Congresso na democracia brasileira. A parte da definição de Huntington da qual estamos menos perto é a clareza sobre os procedimentos para a resolução de conflito. Por exemplo, em 2023, a Câmara dos Deputados e o Senado entraram em uma disputa sobre o rito de tramitação das Medidas Provisórias (MPs).

A institucionalização do Congresso aconteceu em duas frentes principais: o crescimento e a profissionalização do funcionalismo legislativo e o surgimento de instituições informais que supriram as carências dos partidos políticos brasileiros (a maior parte deles ainda segue não orientada para a produção de políticas públicas). Dois cientistas políticos têm se dedicado a estudar o primeiro fenômeno. Fabiano Santos estudou a evolução da Consultoria Legislativa[1] (Conle) da Câmara dos Deputados até 2011. A Conle é um órgão de consultoria e assessoramento técnico aos deputados, à Mesa Diretora, às comissões e à própria administração da Câmara. Dividida em 22 áreas temáticas, a instituição tem consultores concursados (a maior parte com pós-graduação) que produzem estudos, notas técnicas, minutas de propostas e pareceres, relatórios e discursos parlamentares.

Segundo Santos, a Conle é "essencialmente técnica", com membros que "se percebem como especialistas e partidariamente neutros no momento da execução de suas funções". De fato, os dados levantados por ele mostram que, em 2011, 70% dos concursados da Conle tinham mestrado ou doutorado (no Departamento de Comissões, por exemplo, o percentual é de apenas 5,9%). O autor toma a existência da Conle (e a sua profissionalização ao longo dos anos) como evidência de que há na Câmara núcleos de excelência dedicados à produção de informação.[2] Os dados qualitativos

---

[1] Criada pela Resolução 48 de 1993.
[2] O que por si só é surpreendente, já que a literatura em ciência política ressalta a falta de regras e procedimentos para incentivar o desenvolvimento de expertise e capacitação dos parlamentares para a formulação de políticas públicas.

coletados pelo autor[3] revelam que a Conle introduz certo equilíbrio entre o Executivo e o Legislativo na formulação de políticas públicas. Isso porque a instituição (com o alto grau de expertise de seus consultores) coloca a Câmara em patamar equiparado ao do Executivo no que diz respeito à capacitação técnica.

Acir Almeida ampliou o escopo de pesquisa e examinou o que está por trás do crescimento do funcionamento dos Legislativos nos três níveis de governo: segundo o Atlas do Estado Brasileiro, ele cresceu 436% entre 1986 e 2017.[4] Almeida examinou o crescimento e a profissionalização do funcionalismo do Congresso Nacional, de 215 assembleias estaduais (excluindo a da Paraíba), a Câmara Legislativa do Distrito Federal e as 26 câmaras de vereadores das capitais entre 1985 e 2019. Em seu trabalho, o funcionalismo legislativo se refere ao apoio administrativo (que executa tarefas ligadas à gestão da instituição) e à assessoria (que exerce funções diretamente ligadas ao mandato parlamentar, como coleta de informações para subsidiar decisões e comunicação com eleitores e apoiadores). A Conle, por exemplo, seria parte do que Almeida chama de assessoria.

As evidências que ele encontrou indicam um processo de institucionalização do corpo legislativo. Na Câmara dos

---

[3] Ver os textos: "O Legislativo em busca de informação: Um estudo da Estrutura de Assessoria da Câmara dos Deputados", Instituto de Pesquisa Econômica Aplicada (Ipea), 2014, disponível no *link* https://repositorio.ipea.gov.br/handle/11058/3127 (acesso: 25 de março de 2024) e "Comissões Permanentes, Estrutura de Assessoramento e o Problema Informacional na Câmara dos Deputados do Brasil", *Dados*, 2016, disponível no *link* https://repositorio.ipea.gov.br/bitstream/11058/3127/1/TD_1958.pdf (acesso em: 25 de março de 2024).

[4] Ver o texto "O Crescimento do Funcionalismo Legislativo: Profissionalização ou Patronagem?", Instituto de Pesquisa Econômica Aplicada (Ipea), 2023, disponível no *link* https://repositorio.ipea.gov.br/handle/11058/12044. Acesso em: 25 de março de 2024.

Deputados o número de vínculos empregatícios[5] por parlamentar cresceu 161%. No Senado, não houve crescimento, mas isso porque aquela casa legislativa já tinha assessoramento formal desenvolvido desde a década de 1960. O número de graduados aumentou tanto na Câmara (35% para 56%) quanto no Senado (35% para 72%) no mesmo período. Almeida também constata que o crescimento do funcionalismo legislativo foi acompanhado de aumentos substanciais de sua qualificação e salário. No Senado, o valor da remuneração média mensal passou de R$11,5 mil para R$ 17 mil (variação de 48%). Na Câmara, o aumento foi de R$ 9,5 mil para R$ 12 mil (variação de 27,5%).

Os fenômenos descritos por Fabiano Santos e Acir Almeida aconteceram dentro da esfera institucional do Congresso. A Conle integra formalmente a Câmara dos Deputados. Da mesma maneira, a contratação de funcionários no âmbito do Legislativo acontece por vias formais. Mas houve outro movimento dentro do Congresso que acabou profissionalizando a atividade legislativa: a formação de frentes parlamentares. Como explicado anteriormente, essas frentes são organizações que reúnem parlamentares de diversos partidos interessados em um mesmo tema. No Brasil, as mais conhecidas são a Frente Parlamentar do Agronegócio (FPA), a Frente Parlamentar da Segurança Pública e a Frente Parlamentar Evangélica (na imprensa, elas são chamadas de bancadas BBB – boi, bala e bíblia).

Apesar de serem reconhecidas pela Câmara dos Deputados e do Senado, as bancadas temáticas são instituições informais porque não fazem parte da estrutura formal das

---

[5] Para calcular esse número, o autor computou todos os vínculos declarados pelos Legislativos dos três níveis de governo, excluindo seus órgãos auxiliares, entre 1985 e 2019.

duas casas legislativas. Por exemplo, a cada legislatura, elas precisam ser recriadas com requerimentos assinados por um terço dos membros da casa onde serão instaladas. Além disso, a participação nessas bancadas é voluntária, o que torna difícil identificar os seus membros (a participação em partidos políticos e comissões permanentes, por outro lado, é obrigatória e, por esse motivo, há registro formal dos membros). Também não há registro formal das reuniões dessas organizações (a FPA, a mais institucionalizada delas, tem a sua própria agência de notícias, a Agência FPA, que traz registros das legislaturas mais recentes). As bancadas também não têm espaço físico dentro da Câmara e do Senado (como os partidos e as comissões). Nesse contexto, hesito até em colocá-las como parte desse processo de institucionalização do corpo legislativo nos termos de Huntington.

Entretanto, as bancadas mais institucionalizadas tiveram papel importante na especialização dos parlamentares ao longo das últimas décadas. O meu trabalho sobre eficácia legislativa mostra um ganho informacional para os deputados associados com essas organizações. As bancadas oferecem a eles dois recursos escassos, principalmente no contexto brasileiro, no qual não só há fragmentação partidária, mas também muitos partidos políticos não orientados para a produção de políticas públicas: informação.

Para serem eficazes na aprovação de suas proposições de lei, os parlamentares precisam ter informações de dois tipos. Primeiro, sobre a proposição de lei em si: o que ela diz, quais mudanças introduz no sistema legal e detalhes sobre os seus impactos sociais e orçamentários. Segundo, sobre quem está a favor ou contra a proposição lei, tanto no Congresso quanto fora dele. As frentes parlamentares mais institucionalizadas têm equipe dedicada à produção dessas informações. No Brasil, a única com esse aparato é a Frente Parlamentar Agropecuária, que tem a própria *think tank* (o Instituto Pensar Agro ou IPA) dedicada ao subsídio informacional de seus membros. O IPA é financiado por entidades do agronegócio que têm interesse em ter representantes de seus setores na arena legislativa.

O lado ruim da especialização parlamentar via bancadas temáticas é justamente a captura do Congresso por grupos de interesse. Os partidos políticos servem como mediadores entre a sociedade civil e o sistema político. Ao enviar representantes de seus setores para o Congresso, os grupos de interesse driblam as instituições, criando um sistema político informal e paralelo. Nele, as próprias entidades escolhem os candidatos que concorrerão a cadeiras legislativas. No caso do agronegócio, são as entidades do setor. No caso dos evangélicos, são as igrejas. Essa distorção enfraquece o sistema democrático brasileiro como um todo. Isso porque a ciência política nos ensina que quanto menor a institucionalização dos partidos políticos, pior a qualidade da democracia.[6] Portanto, o ideal seria que a institucionalização do corpo legislativo tivesse acontecido apenas por vias formais. Mas o Brasil ainda tem uma democracia jovem na qual muitos processos acontecem de maneira não ideal.

---

[6] Sobre o efeito da baixa institucionalização do sistema partidário na qualidade da democracia, consultar o livro *Party Systems in Latin America*, organizado por Scott Mainwaring e publicado pela editora Cambridge University Press em 2018.

Relação Executivo-Legislativo[7]

No dia 21 de agosto de 2023 deste ano, o deputado federal Danilo Forte (UNIÃO/CE) publicou um texto na *Folha de S. Paulo*[8] que provavelmente passou despercebido por analistas políticos. Nele, Forte faz quatro afirmações sobre a relação Executivo-Legislativo no Brasil. Primeiro, o controle do orçamento pelo Legislativo é desejável para se fazer política pública. Segundo, tal controle se intensificou nos últimos anos após sucessivas crises do Executivo. Terceiro, o fortalecimento do Legislativo não deve ser interpretado como o aumento do fisiologismo, já que os parlamentares são agentes eleitos e respondem aos seus eleitores. Como escreve Forte, "foi sob este modelo que se aprovou a reforma da Previdência, do saneamento e se avançou na Tributária." E quarto, as emendas orçamentárias não devem ser necessariamente associadas à corrupção já que entregam melhorias à população. O texto de Forte serve como evidência de um fenômeno sobre o qual há interesse crescente no país: o fortalecimento do poder Legislativo. Nesta seção, explico como isso ocorreu e quais as consequências desse fenômeno para o balanço de poder entre Executivo e Legislativo.

O primeiro cientista político a mostrar o fortalecimento do Congresso no contexto brasileiro foi Acir Almeida[9], que, em 2009, encontrou um ponto de inflexão. Naquele ano,

---

[7] Essa seção foi em grande parte extraída do artigo "O Congresso e o balanço de poder no Brasil", de minha autoria e publicado no *Journal of Democracy* em Português em outubro de 2023.

[8] "Emendas parlamentares são tratadas como sinônimo de corrupção", *Folha de S.Paulo*, Danilo Forte, 21 de agosto de 2023.

[9] Ver "A Produção Legislativa No Pós-1988: Tendências Recentes e Desafios", Instituto de Pesquisa Econômica Aplicada (Ipea), 2014, disponível no *link* https://repositorio.ipea.gov.br/handle/11058/3613. Acesso em: 25 de março de 2024.

aprovou-se mais leis e leis complementares de autoria dos parlamentares do que do presidente da República. Ainda segundo o autor, desde meados dos anos 2000, o Congresso tem sistematicamente aprovado mais leis relevantes de iniciativa própria, apresentado mais emendas às iniciativas de lei do Executivo e deixado com mais frequência sua marca nas leis que tiveram origem no Executivo (Almeida 2014, 248).

O movimento de fortalecimento do Legislativo começou já em 2008, quando Almeida identifica um aumento na quantidade de leis ordinárias e complementares de iniciativa dos parlamentares: 89 (como ele assinala, bem mais que o máximo anterior registrado em 1995 de 60 leis). Como assinalado acima, em 2009 aprovou-se mais leis e leis complementares de autoria dos parlamentares do que do Executivo. De 2010 a 2013, onde termina a análise de Almeida, a média de leis de iniciativas dos parlamentares ficou em 80,5 (maior do que a média entre 1898 e 2007 de 37,6).

O autor examina a taxa de dominância legislativa dos presidentes da República e do Congresso entre 1989 e 2013. A taxa de dominância legislativa se refere à porcentagem das leis produzidas que foram originalmente propostas pelo Executivo e pelo Legislativo. O autor calcula três versões da taxa: a primeira com todas as leis produzidas por Executivo e Legislativo no mesmo ano; a segunda excluindo as aberturas de crédito adicional ao orçamento e as leis estritamente administrativas do Executivo; e a terceira excluindo também as leis simbólicas do Executivo e do Legislativo.

Nas três medidas, ele encontra tendência de maior proatividade do Legislativo a partir de 2005, ainda que associe tal fenômeno à produção de leis simbólicas (que criam datas comemorativas ou homenageiam personalidades na denominação de ruas e vias públicas). Mas o próprio autor ressalta diversas leis propostas por parlamentares bastante relevantes, como a 11.903 de 2009, que institui o Sistema Nacional de Controle de Medicamentos; a 12.288 de 2019, que institui o Estatuto da Igualdade Racial; a 12.187 de 2009, que institui a Política Nacional sobre Mudança do Clima; a 12.343 de 2010, que institui o Plano Nacional de Cultura (ver também Amorim Neto e Santos 2003 sobre como a produção legislativa parlamentar é focada em políticas públicas nacionais).

Apresento dados semelhantes aos de Almeida para o período mais recente da democracia brasileira (1989-2022).[10] A figura 1, a seguir, mostra a taxa de dominância do Executivo e do Legislativo considerando apenas as proposições de comum apresentação, ou seja, que tanto o presidente quanto os parlamentares podem apresentar (leis, leis complementares e emendas à constituição).[11] O gráfico considera a taxa de dominância para cada mandato presidencial desde o de José Sarney até o de Jair Bolsonaro.

---

[10] Agradeço a Joyce Luz por ter coletado esses dados.

[11] Ou seja: excluo desse levantamento as proposições de lei cuja iniciativa é de exclusividade do Executivo, como as leis de aberturas de crédito adicional ao orçamento e as leis estritamente administrativas do Executivo. Para os propósitos desta análise, só faz sentido calcular a taxa dominância computando os tipos legislativos que os dois poderes podem utilizar. A incorporação das leis de abertura de crédito, por exemplo, parte do Executivo – a sua inclusão na taxa inflaria artificialmente a taxa de dominância em favor do Executivo. Outra maneira de analisar o balanço de poder Executivo-Legislativo é examinando as taxas de sucesso legislativo, ou seja, a porcentagem das proposições do governo que foram convertidas em lei durante o seu mandato. Neste texto, não apresento a taxa de sucesso porque o meu interesse está menos na capacidade de aprovação dos presidentes e parlamentares e mais na origem da maior proporção de leis aprovadas. As taxas de sucesso do Executivo no que diz respeito a medidas provisórias, projetos de lei, projetos de lei complementar e propostas de emendas à Constituição são as seguintes: Sarney (76%), Collor (70%), Franco (69%), FHC I (69%), FHC II (82%), Lula I (82%), Lula II (72%), Rousseff I (78%), Rousseff II (56%), Temer (76%) e Bolsonaro (59%). Portanto, sob a ótica da taxa de sucesso, o Executivo permanece condutor da formulação de políticas públicas no país (ainda que a taxa varie, especialmente nos últimos anos).

A taxa de dominância do Legislativo já apresenta aumento significativo a partir do segundo mandato de Fernando Henrique Cardoso – entre o primeiro e o segundo, ela passa de 55% para 70%. Ela cresce progressivamente até o primeiro mandato de Dilma Rousseff, quando cai marginalmente, mas volta a subir a partir do segundo mandato da mesma presidente (quando chega a 89%, o maior valor na série histórica). A taxa atinge o segundo maior valor durante a administração de Jair Bolsonaro (85%).

Figura 1. Taxa de dominância dos poderes executivo e legislativo (1985-2022)*

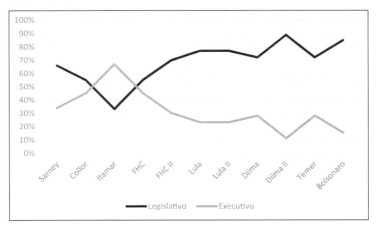

* O gráfico considera apenas as proposições de comum apresentação entre Executivo e Legislativo (leis, leis complementares e emendas à constituição).
Fonte: Congresso Nacional.

A figura 2, a seguir, apresenta a taxa de dominância legislativa dos dois poderes considerando todos os tipos de proposição. Observa-se que a taxa de dominância do Executivo permanece maior ao longo dos anos, ainda que apresente queda significativa durante os mandatos de Dilma Rousseff.

Como apontado acima, esses dados inflam a dominância do Executivo porque incorporam proposições de lei que só podem partir deste poder.

Figura 2. Taxa de dominância dos poderes Executivo e Legislativo (1985-2022)*

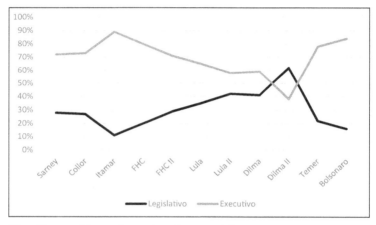

* O gráfico considera todos os tipos de proposições.
Fonte: Congresso Nacional.

Os parlamentares também participam da formulação de leis através da apresentação de emendas às proposições do Executivo[12]. Segundo Taeko Hiroi e Lucio Rennó[13], 60% das proposições de autoria do Executivo foram emendadas por deputados entre 2003 e 2011. Entre as proposições que

---

[12] Ver "O Presidencialismo Da Coalizão", Andréa Freitas, Fundação Konrad Adenauer, 2016, disponível no *link* https://www.kas.de/c/document_library/get_file?uuid=741243ff-94aa-d872-d069-de1846f10fc2&groupId=252038. Acesso em: 25 de março de 2024.

[13] Ver "Agenda Setting and Gridlock in a Multi-Party Coalition Presidential System" no livro *Legislative Institutions and Lawmaking in Latin America*, Oxford University Press, 2016.

receberam cobertura pela *Folha de S. Paulo* (ou seja, que têm impacto social), 90% foram emendadas (Hiroi e Rennó 2016, 19). O percentual de proposições de origem parlamentar que foram emendadas é menor: 46% delas foram emendadas, sendo que o percentual para as de maior impacto social é de 43%. Para os autores, os dados mostram que o Executivo esteve longe de dominar o processo legislativo em anos mais recentes.

Em trabalho recente, Fernando Limongi e Argelina Figueiredo[14] reconhecem que o Congresso não é alijado da produção legal e defendem que o fortalecimento do Congresso não é em si ruim para a democracia brasileira. Por exemplo, as alterações feitas pelos parlamentares da coalizão aos projetos do Executivo via emendas "os corrige e aperfeiçoa". As visões negativas do Congresso, dizem eles, "desconsideram a participação dos partidos da coalizão na formulação e implementação das políticas" (Limongi e Figueiredo 2017, 88-89).

Um caso emblemático do protagonismo do Legislativo com formulação de políticas públicas aconteceu durante a pandemia de Covid-19. Os parlamentares propuseram 96% das 2.377 proposições de lei relacionadas com o tema. Quase 52% dessas proposições foram aprovadas (o percentual de leis propostas e aprovadas pelo Executivo foi de 47%, sendo que apenas uma era proposição de lei e não medida provisória, um tipo legislativo mais fácil de ser aprovado). Além disso, o auxílio emergencial, a principal política pública relacionada com a pandemia, teve origem no Congresso. O deputado Eduardo Barbosa (PSDB/MG) foi autor da proposição, que foi modificada ao longo de sua tramitação: o governo Jair Bolsonaro propôs um teto de R$ 200 para o benefício e

---

[14] Ver "A Crise Atual e o Debate Institucional", *Novos Estudos Cebrap*, 2017, disponível no *link* https://www.scielo.br/j/nec/a/KBxnHhZWWCPJ5zgJwKTTzSK/?lang=pt&format=pdf. Acesso em: 25 de março de 2024.

os parlamentares aumentaram o valor para R$ 600. Para se ter ideia da importância do auxílio emergencial, dados do Datafolha sugerem que quatro em cada dez brasileiros com 18 anos ou mais solicitaram os recursos do programa.

A partir de 2001, o Congresso também atuou para diminuir o poder do Executivo de editar as Medidas Provisórias (MPs). Anteriormente, as MPs eram válidas por 30 dias e podiam ser reeditadas indefinidamente pelo presidente caso o Congresso não as analisasse durante esse período. A frustração com o uso excessivo das MPs por parte do Executivo[15] levou os parlamentares a promulgarem a Emenda Constitucional (EC) 32 de 2001, que proíbe a reedição indefinida de MPs por parte do Executivo. O autor da PEC 472/1997, que deu origem à EC, é o senador Espiridião Amim (PPB/SC). Depois da EC 32, as MPs passaram a ter validade de 60 dias e só podem ser reeditadas uma vez caso o Congresso não as aprove dentro desse prazo. Assim, a duração máxima das MPs é de 120 dias (60 dias iniciais, seguidos de possível renovação de 60 dias) – depois disso, elas se tornam inválidas e o Congresso deve tratar de suas provisões em decretos legislativos.

A EC 32 também obrigou o Congresso a votar as MPs no prazo de 45 dias. Caso isso não aconteça, as MPs vão para o topo da agenda de votação e tomam o lugar de todas as outras proposições de lei (o que ficou conhecido como "trancamento de pauta"). Por fim, as MPs não podem tratar de direito penal e processo civil, cidadania, direitos políticos e legislação eleitoral. A resolução 1 de 2002 do Congresso Nacional regulamentou o rito de tramitação das MPs, definindo que elas devem

---

[15] Segundo Fernando Sabóia Vieira no livro *Regras, Instituições e Decisões na Câmara dos Deputados do Brasil*, publicado em 2019 pela Appris Editora, em 2001, mais de 2.200 medidas provisórias haviam sido adotadas pelos presidentes da República desde 1988.

ser analisadas em um prazo de 14 dias por comissões mistas, de onde seguem para análise nos plenários da Câmara e do Senado por 14 dias (em cada casa; há também o prazo de três dias para análise adicional da Câmara, caso haja modificações no Senado). Na prática, entretanto, frequentemente as MPs não passavam pelas comissões mistas, que eram substituídas por relator indicado pelos presidentes das casas em plenário. Não por acaso, o rito de tramitação das MPs foi alvo de embate entre o Congresso e o Supremo Tribunal Federal (STF) em 2012 e entre as duas casas em 2023.[16]

Em 2009, outra reforma institucional reforçou adicionalmente o poder do Legislativo na edição de MPs. Como referido acima, um dos dispositivos da Emenda Constitucional 32 foi o trancamento de pauta, ou seja, o bloqueio da agenda legislativa pela necessidade de votação de MPs. Entre 2001 e 2006, 60% das sessões do Congresso foram interrompidas porque MPs não foram votadas no prazo de 45 dias.

Em março de 2009, o deputado Regis de Oliveira (PSC/SP) apresentou uma questão de ordem ao então presidente da Câmara dos Deputados, Michel Temer. Oliveira perguntou que tipo de proposição legislativa deveria ser afetada pelo trancamento de pauta. A resposta de Temer reinterpretou a Emenda Constitucional 32, flexibilizando-a. Segundo ele, apenas as votações de projetos de leis deveriam ser

---

[16] Em 2012, o STF julgou a lei 11.516 de 2007 inconstitucional por ela ter origem em uma MP que não foi analisada por comissão mista. Após perceber que a decisão anularia todas as leis originadas em MPs desde 2001, o STF mudou a decisão para ter efeitos não-retroativos. Entretanto, durante a pandemia de Covid-19, as comissões não operaram, o que levou o Congresso a voltar à prática de apontar relator em plenário para a análise das MPs, com o início da tramitação na Câmara dos Deputados. Por conta do protagonismo que o processo deu ao presidente da Câmara, no início de 2023 iniciou-se um embate entre as duas casas para que o rito estabelecido pela Resolução 1 de 2002 do Congresso Nacional voltasse a valer (o que eventualmente aconteceu).

interrompidas devido à necessidade de se votar MPs. Ou seja: as votações de projetos de resolução, propostas de emenda à constituição e projetos de decreto legislativo não deveriam ser interrompidas.

Segundo Fernando Sabóia Vieira, a reinterpretação de Temer representou expressiva redução do poder de agenda do presidente da República, já que os parlamentares podem dedicar mais tempo à deliberação de matérias de seu próprio interesse. Para ilustrar esse ponto, Vieira aponta que, entre 2001, ano de promulgação da EC 32, e 2009, ano da decisão de Temer, a média anual de perda de eficácia das MPs era de 2 medidas provisórias. O valor subiu para 11 casos entre 2012 e 2016. Em 2011, 100% das proposições apreciadas no plenário da Câmara, com exceção das MPs, entraram na pauta por conta da reinterpretação de Temer (Faria 2017). Vieira aponta que a resposta à questão de ordem também causou um crescimento dos poderes positivos de agenda dos líderes partidários e do presidente da Câmara.

Carlos Pereira, Timothy Power e Lucio Rennó[17] apontam que o número de MPs aumentou no pós-2001. Segundo os autores, os presidentes Fernando Henrique Cardoso e Luiz Inácio Lula da Silva usaram mais MPs do que os presidentes anteriores. Fabiano Santos e Acir Almeida[18] argumentam que esse aumento pode ser explicado pelo uso de MPs para abrir créditos adicionais ao orçamento. Sem essas MPs, os autores observam que o número geral de MPs caiu substancialmente após 2001.

---

[17] Ver o texto "Agenda Power, Executive Decree Authority, and the Mixed Results of Reform in the Brazilian Congress", *Legislative Studies Quarterly*, 2008, disponível no *link* http://dx.doi.org/10.3162/036298008783743309. Acesso em: 25 de março de 2024.

[18] Ver o livro *Fundamentos Informacionais do Presidencialismo de Coalizão*, Editora Appris, 2011.

Na esfera orçamentária, o fortalecimento do Legislativo se deu através de alterações das regras relativas às emendas orçamentárias. A Lei de Diretrizes Orçamentárias (LDO) de 2014 introduziu a obrigatoriedade de execução das emendas individuais; vinculou as emendas orçamentárias individuais ao identificador de resultado primário 6 (RP-6); vedou o cancelamento de emendas individuais sem anuência do autor das mesmas; estabeleceu o contingenciamento proporcional dessas emendas caso a meta de resultado fiscal não for cumprida (o que significa que o Executivo não pode mais contingenciar integralmente as emendas, como fazia antes); e determinou a execução equitativa dessas emendas (ou seja, elas devem ser executadas de forma igualitária e impessoal entre os parlamentares). Essas mudanças foram incorporadas à Constituição com a aprovação da Emenda Constitucional 86 de 17 de março de 2015.[19]

A Lei de Diretrizes Orçamentárias (LDO) de 2016 fez as mesmas alterações para as emendas coletivas (comissão ou bancada). Tais mudanças se tornaram permanentes com as Emendas Constitucionais 100 e 102 de 2019 (com a diferença de que a rubrica é RP-7). O limite para essas emendas é de 1% da receita corrente líquida da União. Por fim, a Emenda Constitucional 105 de 2019 criou o que ficou conhecido como "emenda pix": a transferência "especial" de recursos federais a estados, DF e municípios. Ou seja: os parlamentares podem mandar recursos diretamente para suas bases sem precisar especificar a finalidade do gasto.[20]

---

[19] A EC 86/2015 também fixou o limite de 1,2% da receita corrente liquida da União para essas emendas (a Emenda Constitucional 126 de 2022 alterou o limite para 2%).

[20] As proibições de gasto estão relacionadas com pagamentos de dívidas e salários; ver parágrafo 1 do primeiro artigo da EC 105. Além disso, A EC 105 de 2019 também especifica que podem ser feitas transferências diretas a estados, municípios e DF com finalidade definida (artigo 1, inciso II).

Como aponta o estudo técnico 6/2023 da Consultoria de Orçamento e Fiscalização Financeira da Câmara dos Deputados, os parlamentares autores dessas emendas têm mais flexibilidade na alocação de recursos. Entretanto, elas reduzem a transparência da peça orçamentária.

À época da aprovação da EC 86 de 2015, o deputado Danilo Forte, cujo texto abre esta seção, fez discursos que dão pistas sobre o que levou os parlamentares a fazerem essas reformas constitucionais. Em 6 de maio de 2014, ele disse, sobre a impositividade das emendas orçamentárias individuais: "nós, pela primeira vez, conseguimos impor uma vontade própria do poder Legislativo sobre o poder Executivo."

Em 27 de maio, Forte defendeu que o orçamento impositivo seria a alforria do poder Legislativo em relação ao poder Executivo. "São essas emendas parlamentares que muitas vezes alimentam os pequenos investimentos, os pequenos municípios – a praça, o calçamento, o chafariz, o abastecimento de água, o posto de saúde, a quadra esportiva – nas localidades mais distantes do país. E o político, no entusiasmo, no afã de poder galgar uma eleição, muitas vezes prometia, e as promessas ficavam em vão. (...) Com o orçamento impositivo, ela tem altivez, porque o político (...) poderá, sim, assumir o compromisso."

Em 10 de novembro, o deputado acrescentou que o orçamento impositivo, "a principal bandeira de autonomia desta casa", havia sido carregada pelo então presidente da Câmara dos Deputados, Henrique Eduardo Alves (MDB/RN). Um mês depois, em 16 de dezembro, Forte associou o orçamento impositivo a "uma luta de 150 anos do Legislativo" para "consolidar a sua autonomia e reconquistar a sua dignidade, para que possa fazer um enfrentamento harmônico inclusive com os demais poderes, e principalmente com o poder Executivo."

O esforço pela aprovação das quatro emendas constitucionais envolveu políticos de diferentes partidos: a PEC 22A/2000 do Senado, que deu origem à EC 85/2015, é de autoria do falecido senador Antônio Carlos Magalhães (PFL/BA); a PEC 34/2019, que deu origem à EC 100/2019, é de autoria do deputado Hélio Leite (DEM/PA); a PEC 98/2019, que deu origem à EC 102/2019, é de autoria da própria Câmara dos Deputados; e a PEC 48/2019, que deu origem à EC 105/2019, é de autoria da senadora Gleisi Hoffman (PT/PR).

Rodrigo Oliveira de Faria[21] argumenta que essas reformas "desmantelaram" a caixa de ferramentas orçamentárias do Executivo, já que "alguns dos instrumentos anteriormente disponíveis para a condução da administração pública foram praticamente eliminados". A avaliação está ancorada em quatro argumentos. Em primeiro lugar, a execução igualitária impede o Executivo de distribuir as emendas orçamentárias de forma a beneficiar seus aliados. Segundo, o Executivo perdeu a possibilidade usar a própria execução de emendas orçamentárias como moeda de troca. Terceiro, o Executivo passou a ter montante de recursos limitados com a regra de contingenciamento proporcional. E quarto, os parlamentares ganharam mais autonomia no acompanhamento das emendas orçamentárias com a criação das rubricas RP-6 e RP-7.

As investigações empíricas sobre o efeito das reformas na relação Executivo-Legislativo ainda são preliminares. Por um lado, Raul Bonfim, Joyce Hellen Luz e Vitor Vasquez[22] encontram evidência de que a EC 86/2015 reduziu a

---

[21] Ver o livro *Emendas parlamentares e processo orçamentário no presidencialismo de coalizão*, Editora Blucher, 2023.
[22] Ver "Mandatory Individual Amendments: a Change in the Pattern of Executive Dominance in the Brazilian Budgetary and Financial Cycle", *Brazilian Political Science Review*, 2023, disponível no *link* https://doi.org/10.1590/1981-3821202300020001. Acesso em: 25 de março de 2024.

dominância do Executivo no ciclo das emendas orçamentárias individuais. Segundo eles, no pós-promulgação da EC 86/2015, tanto o valor total executado como o número de emendas orçamentárias individuais executadas aumentaram entre 2004 e 2018. Além disso, o perfil dos parlamentares que tiveram suas emendas individuais executadas mudou: os autores não encontram disparidade no número de emendas executadas dentro e fora da coalizão do governo. Para eles, o Executivo perdeu parte de sua autonomia no que diz respeito às emendas orçamentárias individuais.

Por outro lado, Luis Henrique Graton, Carlos Alberto Bonacim e Sérgio Naruhiko Sakurai[23] encontram que os parlamentares com maior aporte de execução de emendas orçamentárias individuais entre 2000 e 2017 são aqueles que votaram favoravelmente aos projetos do governo, mas *não* faziam parte da coalizão governamental. Ou seja: o Executivo continuaria a usar a liquidação das emendas orçamentárias individuais como moeda de troca na aprovação de suas prioridades, mas de modo a beneficiar aqueles que estão fora da sua base legislativa. Nenhum dos dois estudos examina as emendas orçamentárias pix, que supostamente diminuiriam ainda mais o poder de barganha do Executivo vis-à-vis o Legislativo (já que os recursos desta última são transferidos dos parlamentares diretamente para estados, municípios e DF).

Portanto, o fortalecimento do Legislativo se deu tanto na formulação de políticas públicas quanto na política orçamentária, por meio de emendas à proposta de orçamento enviada pelo Executivo. Na formulação de políticas públicas,

---

[23] Ver "Práticas de barganha política por meio da execução orçamentária federal", *Revista de Administração Pública*, 2020, disponível no *link* https://www.scielo.br/j/rap/a/vRW5qtKKttnHVg3f3M485wz/?lang=pt&format=pdf. Acesso em: 25 de março de 2024.

o Congresso está mais ativo na proposição e aprovação de suas próprias leis. Na esfera orçamentária, o Congresso tem tentado tomar as rédeas dessas emendas. Diante desse cenário, a disposição dos parlamentares para atuar como formuladores de leis é maior hoje do que foi nos governos seguintes à redemocratização.

A modernização do Congresso

Durante o período em que trabalhei no Capitólio, acompanhei o trabalho de uma comissão especial bipartidária (o *Select Committee on the Modernization of Congress*), que entre 2019 e 2022 tratou da modernização do legislativo norte-americano. Acompanhei as discussões dos parlamentares naquele fórum, cujo objetivo foi investigar, estudar e apontar soluções para como tornar as instituições legislativas mais efetivas, eficientes e transparentes para os parlamentares e os cidadãos.

Em três anos, o *Select Committee* fez audiências públicas com especialistas para entender como melhor pensar o Congresso no século 21. É comum associar a palavra "modernização" com a incorporação de novas tecnologias ao processo legislativo, mas o *Select Committee* discutiu mais do que isso. Estudou e fez recomendações sobre como recrutar, diversificar, reter e compensar equipes legislativas; incitar civilidade e colaboração na arena legislativa; fortalecer as agências de apoio ao trabalho do Congresso; e formular políticas públicas com base em evidência. Ao final do seu trabalho, o *Select Committee* fez 202 recomendações ao Congresso, das quais 82 foram parcialmente e 42 totalmente incorporadas.

Atualmente, o meu trabalho na Fundação POPVOX é focado na criação de espaços de debate sobre como modernizar instituições legislativas ao redor do mundo, incluindo o Brasil, que já fez avanços significativos nessa área. Durante a pandemia de Covid-19, o país foi o primeiro a desenvolver o Sistema de Deliberação Remota (SDR), uma ferramenta que permitiu aos parlamentares trabalhar a distância. Na Câmara, o SDR permanece em uso nas sessões híbridas, que acontecem às segundas e sextas-feiras. O uso do SDR às segundas e sextas-feiras foi estabelecido pelo Ato da Mesa 243 de 22 de junho de 2022, com nova redação dada pelo Ato da Mesa 80 de 6 de outubro de 2023. Esses atos não trazem regulamentação específica sobre quais tipos de proposição podem ser votadas em sessões híbridas. Arthur Lira, presidente da Câmara até o fim de 2024, valeu-se desse vácuo para colocar em votação até mesmo PECs. Já o Senado revogou a autorização para trabalho híbrido. Com o fim da pandemia, o SDR só pode ser usado em sessões especiais ou debates temáticos no plenário, por determinação do presidente da casa ou do próprio plenário. Nas comissões, os senadores podem usar o SDR para fazer audiências públicas ou arguições públicas de autoridades, também por determinação do presidente da casa ou do plenário.[24]

A Câmara dos Deputados também tem investido em inteligência artificial. Em 2018, a casa lançou o robô digital Ulysses[25] (o nome é uma homenagem ao presidente da Assembleia Constituinte, o deputado Ulysses Guimarães).

---

[24] Ver "Votações e pronunciamentos voltam ao sistema presencial" e "Mesa Diretora limita uso do Sistema de Deliberação Remota e senadores estarão mais em Brasília", *Agência Senado*, 7 de fevereiro de 2023, Acesso em: 25 de março de 2024.

[25] Para mais informações sobre o robô digital Ulysses, recomendo a notícia "Câmara lança Ulysses, robô digital que articula dados legislativos", Câmara dos Deputados, 28 de novembro de 2018 Acesso em: 25 de março de 2024. Há outros usos do robô que não foram explorados nesse livro. Há outros usos do robô que não foram explorados nesse livro.

O robô utiliza dados legislativos com dois propósitos: garantir eficiência na elaboração das leis e facilitar a interação da instituição com a sociedade. Por exemplo, em 2022, o robô foi testado para processar tematicamente grandes volumes de proposições de lei.[26]

Apesar desse avanço, o Congresso brasileiro precisa investir tempo e recursos em problemas que não podem ser resolvidos apenas com a incorporação de tecnologia. Para resolvê-los, é preciso dar um passo para trás e perguntar o que impede o bom funcionamento do processo legislativo no momento. Abaixo, trato de três desses obstáculos: os poderes excessivos dos presidentes das casas, as deficiências das emendas orçamentárias e desvirtuação de propósito das audiências públicas.

Poderes excessivos dos presidentes das casas

Atualmente, o maior empecilho ao funcionamento do Legislativo brasileiro são os poderes excessivos dos presidentes das casas legislativas. O quadro é mais grave na Câmara dos Deputados. Uma das consequências do fortalecimento do Congresso descrito acima é a transformação do presidente da Câmara em uma espécie de copresidente da República. Ao longo dos últimos anos, observamos parlamentares como Eduardo Cunha, Rodrigo Maia e Arthur Lira, que ocuparam os cargos de presidente da Câmara entre 2015 e 2023, definirem os rumos do país.

---

[26] Ver "UlyssesNER-Br: A Corpus of Brazilian Legislative Documents for Named Entity Recognition", Computational Processing of the Portuguese Language 15th International Conference, PROPOR 2022, 2022, disponível no *link* https://dl.acm.org/doi/10.1007/978-3-030-98305-5_1. Acesso em: 25 de março de 2024.

O poder mais visível do presidente da Câmara é o de abrir pedidos de impeachment. Cabe a ele a admissão do pedido de impeachment, mas não há prazo para que ele faça isso. Caso decida pela admissão, o pedido é enviado a uma comissão especial, que é formada em 48 horas. O presidente denunciado tem até 10 sessões para se manifestar. A mesma comissão lê o pedido no plenário na sessão seguinte à sua formação. Depois da manifestação do presidente denunciado, a comissão tem entre 5 a 10 sessões para dar o seu parecer, que deve ser lido no expediente seguinte a essa ação. Uma vez que o parecer seja publicado no diário oficial da Câmara, ele é incluído na ordem do dia da próxima sessão, durante a qual é votado. A aprovação do parecer pelo plenário leva a Câmara a apresentar a denúncia ao Senado, que trata do julgamento do presidente denunciado. A reforma mais urgente nesse sentido seria instituir um prazo para que o presidente da Câmara decida pela admissão ou não de pedidos de impeachment. Por exemplo: segundo a Agência Pública, 153 pedidos de impeachment contra o ex-presidente Jair Bolsonaro foram enviados ao presidente da Câmara e apenas 7 deles foram arquivados ou desconsiderados.[27]

No dia a dia do Legislativo, o poder do presidente da Câmara também é significativo (apesar de ser menos visível). Alguns desses poderes são formais, estabelecidos pelos regimentos de cada casa, e precisam ser debatidos. No livro *Regras, Instituições e Decisões na Câmara dos Deputados do Brasil*, publicado pela Appris Editora em 2019, Fernando Sabóia Vieira trata das manipulações e dos descumprimentos regimentais por parte dos presidentes da instituição. Uma delas é a frequente

---

[27] A lista dos pedidos pode ser encontrada no *link* https://apublica.org/impeachment-bolsonaro/. Acesso em: 25 de março de 2024.

distribuição de projetos de lei a comissões especiais (ao invés de comissões permanentes, como dita o Regimento). O autor explica que tal ação pode decorrer da "interpretação mais ou menos flexível" das regras regimentais e que pode configurar um "poder anômalo de veto do presidente e dos líderes", já que essas proposições ficam num limbo legislativo aguardando a criação de comissão especial para examiná-las.

Outro exemplo: a convocação de sessões deliberativas extraordinárias em horários coincidentes com os das ordinárias ou em horários coincidentes com os das reuniões das comissões permanentes. As sessões deliberativas extraordinárias têm regras regimentais mais flexíveis e, por esse motivo, vêm sendo usadas por presidentes da Câmara para marcar votações de maior interesse para eles, seu grupo partidário ou o próprio governo. Como aponta Sabóia, o atropelo acaba impedindo o rito regimental de apreciação da pauta ou o próprio funcionamento das comissões permanentes (que não podem operar durante sessões deliberativas extraordinárias).

Segundo o autor, a partir de 2006, o número de sessões extraordinárias do plenário passa a superar o das ordinárias – em 2016, 86% das sessões foram extraordinárias. Sabóia também ressalta a banalização do regime de urgência por parte dos presidentes da Câmara, que provoca instabilidade na agenda legislativa, e a distorção das regras sobre o processamento das votações, principalmente no que diz respeito à prorrogação de prazos para emendas e destaques e reformulação de pareceres, entre outros.

Mas há poderes excessivos dos presidentes da Câmara que não são formais, ou seja, não são autorizados pelo Regimento Interno. Trata-se de atropelos do processo legislativo. Discuto aqui alguns exemplos durante a gestão de Arthur Lira entre 2021 e 2022. Lira foi eleito para o cargo de Presidente da

Câmara dos Deputados em 2021 com a promessa de "respeitar as forças vivas" da instituição. Em seus dois primeiros anos de mandato, ele desrespeitou o Regimento Interno, a força mais viva da Câmara, diversas vezes. Vale assinalar que o desrespeito ao Regimento não é exclusividade de Arthur Lira – outros presidentes da Câmara e deputados também atropelaram as regras regimentais. As ações de Lira são as mais recentes nesse sentido.

O primeiro caso refere-se à proliferação de grupos de trabalho, que são instrumentos temporários criados pela presidência e outros órgãos da Câmara para aperfeiçoar os processos legislativo e administrativo (o único grupo de trabalho permanente é o de Consolidação das Leis, previsto pelo Regimento). Trata-se de instrumentos úteis para buscar consenso sobre temas ou melhorar a qualidade dos textos legislativos. Entretanto, no período em questão, Lira usou essas ferramentas para substituir o trabalho das comissões sobre alguns temas polêmicos (o ex-presidente da Câmara, Rodrigo Maia, cometeu o mesmo equívoco).

Entre 2003 e 2022, houve um aumento de 86% no número de grupos de trabalho na Câmara.[28] Entre 2021 e 2022, Lira criou 16 grupos de trabalhos, alguns dos quais para tratar especificamente de proposições de lei e até para discutir mudanças no sistema de governo do país. Um exemplo foi o grupo de trabalho para discutir o PL 442/1991, que legaliza o jogo do bicho (batizado de Grupo de Trabalho do Marco Regulatório dos Jogos no Brasil). O grupo operou durante três meses. Nesse período, houve apenas uma reunião pública. Mais: não há registro das reuniões nos arquivos da Câmara. Do total de dez membros do grupo, apenas um fazia parte da oposição e somente uma era mulher. O grupo

---

[28] Os dados foram coletados pela autora em parceria com o *The Brazilian Report* em março de 2022.

de trabalho produziu um novo projeto de lei, que foi votado no plenário sem ter sido discutido por comissões após ter sido recolocado na ordem do dia em 2021.

O Grupo de Trabalho do Sistema de Governo Semipresidencialista foi convocado por Lira para discutir a adoção deste sistema. Neste caso, há duas audiências públicas disponíveis no arquivo da Câmara (realizadas em 27 de abril e em 11 de maio de 2022). Também podem ser consultados o plano de trabalho e a proposta de distribuição de competências entre presidente e o primeiro-ministro em um eventual regime semipresidencialista. Não há quaisquer outras informações sobre o andamento do grupo, que parece ter sido criado para discutir uma ideia mais cara à Lira do que à população brasileira (que rejeitou o semipresidencialismo em plebiscitos realizados em 1963 e 1993).

O uso dos grupos de trabalho descrito acima viola o Regimento no que diz respeito às comissões. O artigo 24 do Regimento dá às comissões o poder de discutir propostas legislativas antes que elas cheguem ao plenário. O texto também dita que as comissões podem realizar audiências públicas com entidades da sociedade civil e estudar qualquer assunto compreendido no respectivo campo temático ou área de atividade, podendo promover conferências, palestras ou seminários. Segundo o artigo 27, a representação numérica das bancadas em cada comissão deve ser estabelecida com a divisão do número de membros do partido ou bloco parlamentar pelo quociente resultante da divisão do número de membros da Câmara pelo número de membros da comissão. Ou seja: a distribuição de membros nas comissões deve representar o princípio da proporcionalidade partidária.

No Regimento, não há regramento sobre a operação dos grupos de trabalho (a única menção ao termo aparece no artigo

212, que dispõe sobre o Grupo de Trabalho de Consolidação das Leis, o único permanente na Câmara). A presidência e outros órgãos da Câmara podem usar os critérios que julgarem necessários para moldá-los e ocupá-los. Em 2022, em um único episódio, quando a Câmara dos Deputados discutia a chamada PEC do Estado de Emergência (também conhecida como PEC *Kamikaze*), Lira desrespeitou o Regimento quatro vezes no que diz respeito à tramitação das propostas de emenda à Constituição (PECs).[29] A PEC do Estado de Emergência permitiu ao governo Jair Bolsonaro gastar por fora do teto de gastos mais R$ 41,25 bilhões para aumentar benefícios sociais, conceder ajuda financeira a caminhoneiros e taxistas, ampliar a compra de alimentos para pessoas de baixa renda e diminuir os tributos do etanol. A proposta decretou um estado de emergência artificial para permitir ao governo fazer esses gastos sem desrespeitar a legislação eleitoral (que o impediria de fazê-lo logo antes das eleições presidenciais).

Ao receber a PEC do Estado de Emergência aprovada pelo Senado, Lira apensou a proposição à PEC dos Biocombustíveis, cuja tramitação estava em estágio avançado na Câmara. Com isso, pulou a etapa da análise da PEC pela Comissão de Constituição e Justiça e de Cidadania (CCJ) e a possibilidade da apresentação de emendas na Comissão Especial – quando houve o apensamento, tal prazo já havia se esgotado. Aqui, Lira desrespeitou o artigo 142, segundo o qual só é permitido promover a tramitação conjunta de proposições que regulem matéria idêntica ou correlata (o que não era o caso) e o artigo 202, segundo o qual todas as PECs devem ser encaminhadas à CCJ e a uma Comissão Especial.

---

[29] Trechos desta seção foram adaptados do artigo "Como Arthur Lira atropela o processo legislativo" publicado no *JOTA* pela autora e por Luís Gustavo Faria Guimarães em 26 de junho de 2022.

Para garantir apoio à PEC na votação em plenário, no dia 12 de julho, Lira tentou suspender a sessão até o dia seguinte, desrespeitando o artigo 70, que limita a suspensão de uma sessão legislativa pelo prazo máximo de uma hora. Por fim, sem oferecer nenhuma justificativa, Lira determinou que a sessão fosse realizada de forma integralmente remota através do Ato da Mesa 245/2022. Com essa manobra, permitiu o voto à distância entre a votação do mérito e dos destaques, facilitando a participação de deputados favoráveis à proposta (que estavam fora de Brasília).

Os Atos da Mesa tratam do funcionamento das sessões e do regime de trabalho legislativo dentro do que prevê o Regimento. Por exemplo, a Resolução 12/2019 alterou o Regimento para estabelecer o processo legislativo digital na Câmara. Como a resolução prevê a regulamentação da mudança via ato da mesa, o então presidente da Câmara, Rodrigo Maia, promulgou o Ato da Mesa 209 de 21 de outubro de 2021 para disciplinar o processo legislativo digital. Entre 2021 e 2022, Arthur Lira usou atos da mesa para manipular o modo de participação dos deputados em votações polêmicas no plenário. Em novembro de 2021, na votação da PEC dos Precatórios, ele editou o Ato da Mesa 212/2021 para dispensar o registro biométrico dos parlamentares que estivessem em missão internacional autorizada pela Câmara. Ao autorizar a votação remota por deputados que estivessem fora do país, ele aumentou o quórum, facilitando a aprovação da PEC entre o primeiro e segundo turno de votação.

Em junho de 2022, diante da proximidade do recesso parlamentar, Lira também autorizou a realização de sessões remotas às segundas e sextas-feiras por meio do Ato da Mesa 243/2022. Com a realização de reuniões virtuais em dias que os parlamentares geralmente não estão em Brasília, Lira facilitou o esgotamento do prazo regimental de dez sessões para apresentação de emendas, acelerando a tramitação das PECs que tratavam do Piso Nacional da Enfermagem e de Biocombustíveis (como descrito acima, a PEC dos Biocombustíveis foi apensada à PEC do Estado de Emergência).

Lira também usou um ato da mesa para burlar o sistema de apreciação de propostas de emenda à Constituição. A PEC 3/2021, que trata da imunidade parlamentar, teve admissibilidade aprovada em fevereiro de 2021 diretamente no plenário e de forma virtual (e não via CCJ, como deveria acontecer segundo o artigo 201 do Regimento). Para fazer isso, Lira deliberadamente atrasou a edição de Ato da Mesa, dispondo sobre a volta do trabalho presencial e a reinstalação de todas as comissões (cujos trabalhos estavam suspensos desde 2020 por conta da pandemia). Apesar da manobra, a PEC gerou controvérsia. Diante do risco iminente de derrota, ele recuou da intenção inicial de votar o mérito da PEC das imunidades no plenário, remetendo-a para análise de uma comissão especial.

Ao manobrar ou atropelar as regras existentes, presidentes da Câmara tornam o processo deliberativo menos previsível e, portanto, menos transparente. Afinal, sem o Regimento para guiar o trâmite legislativo coletivo, cada um pode agir como julgar necessário para servir aos seus próprios interesses. Em um contexto no qual o Congresso ganha cada vez mais poder e dita os rumos da política brasileira, é imprescindível discutir como colocar freios no desrespeito às regras formais. Mais: fica inviável conceber outras reformas para modernizar o Congresso sem que se discuta a readequação dos poderes dos presidentes das casas. Isso porque, diante dos atropelos regimentais, não há qualquer garantia de que tais reformas seriam devidamente implementadas.

Emendas orçamentárias[30]

Em 2022, recebi uma bolsa da Associação de Ciência Política Norte-Americana (APSA), que me permitiu trabalhar como assistente legislativa do deputado Gregory W. Meeks na U.S. House of Representatives. Entre janeiro e agosto, atuei em diversos âmbitos do mandato parlamentar, desde a proposição de leis até a recomendação de votos em plenário. Também tive a oportunidade de preparar as emendas orçamentárias enviadas pelo gabinete à Comissão de Orçamento e, depois da aprovação na Comissão, à base eleitoral de Meeks. Essa experiência me fez entender o quão importante as emendas orçamentárias são para a democracia.

A U.S. House of Representatives fez uma série de mudanças no processo de solicitação e aprovação de emendas orçamentárias individuais (as únicas existentes no contexto norte-americano), que no passado se chamavam *earmarks* e agora se chamam *Community Project Funding*. Em 2011, os partidos Democrata e Republicano decidiram abandonar o uso do instrumento, que estava associado à corrupção e ao desperdício de recursos. Em 2021, uma comissão bipartidária que estudava a modernização da U.S. House recomendou a volta das emendas orçamentárias. Com isso, tanto a House quanto o Senado instituíram uma série de medidas para aumentar a transparência dessas ferramentas.

Na House, cada gabinete parlamentar tem o seu processo interno de seleção de emendas orçamentárias junto às bases eleitorais. Os pedidos de emendas são enviados pelos gabinetes à Comissão de Orçamento por um sistema digitalizado e

---

[30] Trechos desta seção foram adaptados do artigo "Brasil deve se inspirar em reformas de emendas orçamentárias dos EUA", publicado pela autora no *JOTA* em 13 de outubro de 2022.

interno. Os gabinetes devem disponibilizar todos os pedidos em seus *websites* 24 horas antes da análise pela Comissão. Além disso, nem os parlamentares e nem os seus familiares podem ter interesse nos recursos das emendas, que também não podem beneficiar pessoas jurídicas com fins lucrativos. Os congressistas também devem apresentar documentação que demonstre a inexistência de conflito de interesse com as entidades a serem beneficiadas. É obrigatório apresentar evidência de que há apoio nas bases eleitorais para o financiamento dos projetos incluídos nas emendas. Cada emenda não pode ultrapassar o valor correspondente a 1% do orçamento discricionário do ano em questão. Por fim, o *Government Accountability Office* (órgão similar ao Tribunal de Contas da União no Brasil, audita uma amostra das emendas e estuda a sua execução por parte dos parlamentares para aferir se houve algum desvio. Os resultados da análise são enviados à Comissão do Orçamento.

No gabinete em que trabalhei, abrimos um edital de emendas orçamentárias focado na base eleitoral de Meeks e recebemos diversos pedidos de entidades. Fizemos a análise das solicitações com base em dois critérios: impacto socioeconômico na base eleitoral e retorno eleitoral para o deputado. Em 2022, a Comissão do Orçamento financiaria até 15 emendas por parlamentar. Selecionamos 15 projetos, que foram enviados à Comissão.

Todos os pedidos de emendas devem ser enviados para a Comissão do Orçamento (*Appropriations Committee*) da House através de um sistema on-line (cada casa legislativa tem a sua própria comissão e suas próprias regras). A Comissão, composta por membros dos dois partidos respeitando a regra de proporcionalidade, coordena o recebimento e análise dos pedidos de emendas e decide se eles serão ou não incluídos na peça orçamentária a ser votada no plenário. Ela é organizada em 12 subcomissões – cada uma analisa pedidos de emenda em suas próprias áreas de políticas públicas. A Comissão tem 15 dias para analisar se as emendas se enquadram no propósito de financiar projetos de comunidades locais e deve disponibilizar todos os pedidos em um *website*. Para garantir controle social, o colegiado deve publicar a lista de emendas aprovadas por seus membros no mesmo dia da votação.

Tive contato com duas subcomissões: Labor, Health and Human Services, Education, and Related Agencies (Trabalho, Saúde, Serviços Humanos, Educação e Agências Relacionadas) e Financial Services and General Government (Serviços Financeiros e Governo em Geral). Isso porque 13 projetos do meu deputado se encaixavam na área temática da primeira e os outros dois na área temática da segunda subcomissão. Antes de enviar os pedidos para a Comissão de Orçamento, conversei com a equipe dessas subcomissões para ter certeza de que o pedido poderia ser feito. Por exemplo, um dos projetos solicitava financiamento para recursos humanos, como contratação de pessoal. Como não estava claro se as regras da agência federal que implementaria o projeto permitiriam tal gasto, discuti o caso com a equipe da subcomissão correlata. O contato entre os gabinetes e as equipes da subcomissão é fundamental para garantir que o dinheiro chegue à base eleitoral respeitando as regras orçamentárias e das agências implementadoras. Todos os nossos pedidos foram aprovados.

Uma das entidades beneficiadas foi o Jamaica Hospital Medical Center, no Queens, em Nova York. No ano anterior, o mesmo hospital havia recebido emenda orçamentária para reformar a sua unidade neonatal. Em julho de 2022, visitei o local para entender o impacto da verba enviada pelo gabinete. Como os recursos ainda estavam sendo enviados, a reforma não havia começado. A unidade neonatal parecia ter sido congelada nos anos 1970. Os equipamentos estavam desatualizados ou quebrados. Foi possível ver de fato a necessidade de investimento na renovação da unidade, que atende boa parte da base eleitoral de Meeks.

Os especialistas em orçamento Paulo Bijos e Helio Tollini[31] propõem um modelo semelhante para as emendas orçamentárias brasileiras. Para eles, há diversos problemas com o desenho atual. As emendas orçamentárias individuais agravam a fragmentação do processo alocativo. Isso porque os 594 parlamentares (513 deputados e 81 senadores) podem propor até 25 emendas cada um, o que, na prática, significa que podem ser apresentadas até 14.850 emendas por ano no total. Além disso, os autores apontam que, por estarem atreladas a parlamentares individuais, as emendas individuais potencializam o paroquialismo. Elas foram ainda mais sucateadas com o advento da chamada emenda "pix", que transfere recursos diretamente para estados e prefeituras sem vinculações temáticas ou objetivos programáticos (elas também estão menos sujeitas à fiscalização; o montante atrelado a essas emendas passou de R$ 600 milhões em 2020 para cerca de R$ 7 bilhões em 2023).

Mesmo as emendas de bancada estadual são problemáticas. Bijos e Tollini apontam que o princípio organizador dessas emendas é o colegiado geográfico e não uma instância de políticas públicas. Os autores também citam trabalho recente do cientista político Sérgio Praça, segundo o qual essas emendas podem ser divididas entre os parlamentares

---

[31] Ver "Por um novo modelo de emendas ao orçamento", Estudo Técnico 22/2021, Consultoria de Orçamentos e Fiscalização Financeira, 2021, disponível no *link* https://www2.camara.leg.br/orcamento-da-uniao/estudos/2021/Est22_2021.pdf. Acesso em: 25 de março de 2024.

de cada bancada, fazendo com que se tornem emendas orçamentárias individuais *de facto*. Por fim, eles apontam que as emendas de relator-geral são ineficientes porque um parlamentar não tem conhecimento sobre diversas áreas de políticas públicas para fazer alocações em todas elas. Além disso, desde 2020, essas emendas foram usadas também para alocações individuais de parlamentares não-identificados (no que ficou conhecido como "orçamento secreto").[32]

Bijos e Tollini propõem que as comissões permanentes sejam autoras das emendas orçamentárias, e não os parlamentares ou as bancadas estaduais. Por exemplo, as emendas orçamentárias na área de educação seriam propostas por parlamentares membros da Comissão de Educação da Câmara e do Senado. Com esse arranjo, haveria análise temática das emendas dentro do contexto de políticas públicas de cada área. Continuando com o exemplo de educação, as emendas orçamentárias seriam analisadas dentro dos programas existentes na área, como acontece nos Estados Unidos. Os autores também sugerem que o limite para as

---

[32] Em 2019, o governo Jair Bolsonaro se deparou com a perda de parte dos instrumentos anteriormente disponíveis para a construção de sua maioria parlamentar (fenômeno discutido na seção anterior). Diante desse cenário, Bolsonaro optou por dois caminhos. Primeiro, usou as emendas do relator-geral ao projeto de lei orçamentária para alocar recursos aos parlamentares de sua coalizão. O orçamento secreto é "secreto" justamente porque não identifica os legisladores que enviam recursos às suas bases eleitorais – todo o dinheiro é enviado em nome do relator-geral. Nesse sentido, desvirtuou-se o propósito original das emendas de relator-geral. Segundo, Bolsonaro delegou aos presidentes da Câmara e do Senado o papel de negociar a liberação dessas emendas com o relator-geral e os parlamentares. Na prática, ao renunciar à articulação política, Bolsonaro aumentou ainda mais o poder dos presidentes da casa, criando um arranjo informal que sustentou a sua base legislativa. Rodrigo Oliveira de Faria aponta que o governo Bolsonaro foi responsável, sozinho, por um montante de alocação de emendas de relator-geral superior aos cinco governos anteriores. Durante o primeiro governo Lula, o montante total foi de R$ 23,6 bilhões, valor que subiu para R$ 78,5 bilhões durante o governo Bolsonaro.

emendas seja definido com base no tamanho das despesas discricionárias (e não com base na receita ou no valor do ano anterior atualizado pela inflação).

O modelo de Bijos e Tollini reduziria o protagonismo parlamentar na alocação de recursos via emendas orçamentárias para priorizar o gasto temático e eficiente. Assim, é muito provável que esse desenho encontre resistência dentro do Congresso. Afinal, ao abrir mão de alocar recursos em seu nome ou da bancada estadual à qual pertence, o parlamentar perde poder e a capacidade de reivindicar crédito das emendas orçamentárias em suas bases eleitorais. Outro modelo possível seria inspirado na estrutura norte-americana: a Comissão Mista de Orçamento poderia ter subcomissões temáticas dentro de sua própria estrutura. As emendas ainda seriam de autoria dos parlamentares ou das bancadas, mas passariam por um processo de análise temática (o que não ocorre em nenhuma etapa no modelo atual). Assim, seria garantido o elo entre a representatividade democrática e a alocação temática e eficiente de recursos.

Outra reforma que melhoraria o sistema de emendas orçamentárias: incentivar os gabinetes parlamentares a adotarem processos criteriosos para a seleção de projetos a serem financiados com esses recursos. Alguns parlamentares já fazem isso. É o caso da deputada Tábata Amaral, que abre editais anuais para selecionar os projetos que ela submeterá ao projeto de lei orçamentário. Em 2023, por exemplo, ela abriu um edital no valor de R$ 15,5 milhões, metade dos quais iriam para projetos escolhidos por votação popular e a outra metade para projetos que atendam os critérios orçamentários e estejam alinhados com os pilares e objetivos estratégicos de seu próprio mandato. A deputada aceita projetos em sua base eleitoral (São Paulo) nas áreas de educação, impacto social, ações afirmativas (raças, gênero e sexualidade), saúde e meio ambiente. O Congresso poderia se inspirar nessa e em outras iniciativas para criar um programa de incentivo à seleção criteriosa de projetos por parte dos gabinetes.

Também é preciso garantir a transparência das emendas orçamentárias. No Portal da Transparência, os dados sobre as emendas individuais são públicos desde 2014 e os dados sobre as emendas coletivas (bancada ou comissão) e de relator-geral são públicos desde 2016. Entretanto, os dados sobre as emendas de relator-geral são públicos, mas incompletos (já que não especificam quais deputados usaram a ferramenta, que é vinculada ao relator). Além disso, não há dados públicos sobre as emendas "pix".[33] O ideal seria ter um portal que concentrasse todos os dados detalhados: quem enviou quanto a cada localidade e para qual fim.

Por fim, seria imprescindível examinar como esses recursos chegam às bases e fiscalizar o cumprimento da lei nesse processo. O Tribunal de Contas da União (TCU) cumpre esse papel de maneira esporádica e pontual. Em seu trabalho, Luciana Lauser Timm[34] encontra 138 acórdãos que tratam das emendas orçamentárias entre 1985 e 2022. Esses documentos examinam o planejamento dos gastos, a gestão dos processos administrativos, da execução e da

---

[33] Os dados estão disponíveis no Portal da Transparência pelo site https://portaldatransparencia.gov.br/emendas/. Acesso em: 25 de março de 2024.

[34] Ver a monografia "Alocação do gasto público via Poder Legislativo: a visão do TCU sobre as emendas parlamentares", curso de Especialização em Avaliação de Políticas Públicas da Escola Superior do Tribunal de Contas da União, 2023, disponível no *link* https://portal.tcu.gov.br/biblioteca-digital/alocacao-do-gasto-publico-via-poder-legislativo-a-visao-do-tcu-sobre-as--emendas-parlamentares.htm. Acesso em: 25 de março de 2024.

transparência dos recursos e a responsabilização pela implementação de melhorias já apontadas pelo TCU. Os acórdãos trazem limitações importantes das emendas. Por exemplo, eles apontam "aleatoriedade" na seleção dos projetos a serem financiados pelas emendas e "fragmentação excessiva e ineficiente" dos investimentos. Outros documentos recomendam ao Executivo informar o Congresso sobre suas políticas públicas prioritárias para que exista alinhamento entre elas e as emendas orçamentárias. Os acórdãos também apontam irregularidades no pagamento das emendas às entidades beneficiadas.

O relatório do TCU sobre as emendas orçamentárias mais completo e disponível é o TC-018.272/2018-5, que examina as emendas orçamentárias individuais executadas nos Ministério da Saúde, Ministério do Desenvolvimento Regional, Ministério da Economia e Secretaria da Presidência da República entre 2014 e 2018. Nele, está apontado que o Executivo não orienta o Legislativo em termos de quais áreas são prioritárias para a alocação de recursos. O relatório sugere que o Executivo leve ao Congresso um "banco de projetos" para investimentos (iniciados ou não) que estariam aptos a receber recursos de emendas.

O relatório também revela que as obras custeadas com emendas orçamentárias via Ministério do Desenvolvimento Regional demoraram em média oito anos para serem concluídas. As razões são variadas: dificuldades gerenciais dos municípios pequenos, demora na análise de impedimentos técnicos e até incompatibilidade entre os sistemas informatizados do Executivo e do Legislativo. Um ponto positivo: não houve quebra de equidade, isonomia ou impessoalidade nas emendas orçamentárias analisadas. Entretanto, o TCU ressalta dois movimentos problemáticos. Em 2017, houve liberação e pagamento de emendas a despeito da necessidade de contingenciamento de despesas. Em 2018, houve concentração atípica de empenhos e pagamentos no início do exercício (talvez por conta do processo eleitoral).

O exemplo acima dimensiona a importância da auditoria do TCU sobre as emendas orçamentárias. A fiscalização por parte do órgão não é sistemática e periódica porque não há dados rastreáveis e comparáveis da aplicação dos recursos federais de forma que os credores finais desses recursos sejam identificados. As ferramentas de monitoramento e avaliação das políticas públicas mantidas hoje pelo governo federal – o Portal Nacional de Contratações Públicas e o Portal Transfere.gov – não são usadas efetivamente pelos estados e municípios para declarar informações relacionadas aos recursos das emendas orçamentárias.[35]

O Portal Nacional de Contratações Públicas é o registro eletrônico oficial destinado à divulgação centralizada e obrigatória dos atos exigidos pela Lei de Licitações e Contratos Administrativos (Lei nº 14.133 de 2021). O artigo 174 dessa lei, porém, não obriga estados e municípios a realizarem as contratações centralizadas diretamente no portal. Já o Portal Transfere.gov é uma plataforma desenhada para monitorar as transferências da União.

O problema é de gestão do governo federal, já que não faltam normas e decisões dos órgãos de controle. A Instrução Normativa-Seges/ME 206 de 18/10/2019 fixou prazo

---

[35] Embora sejam de uso obrigatório para as transferências voluntárias (espécie que abrange as emendas orçamentárias) aos entes subnacionais (estados e municípios), as declarações de informação nesses portais estão muito aquém da totalidade dos repasses de recursos federais. Os mesmos portais não recebem informações sobre a aplicação de recursos repassados na modalidade transferência obrigatória da União.

(expirado em 2020) para que estados e municípios obrigatoriamente utilizem a modalidade de pregão eletrônico ou a dispensa eletrônica quando executarem recursos federais repassados por meio de transferência voluntária (o que inclui as emendas orçamentárias). Caso usem suas plataformas locais, devem atualizar o Transfere.gov periodicamente.

Na saúde, embora a Lei Complementar nº 141 de 2012 exija a identificação do credor final de todo recurso de natureza federal vinculado à saúde, aplicado mediante repasse aos entes subnacionais (art. 13, §§ 2º e 4º), a previsão legal aguarda, há mais de uma década, a regulamentação do Executivo.

A Emenda Constitucional 108 de 2020, que ampliou significativamente a participação do governo federal no financiamento da educação básica, determinou que a União, os estados, o Distrito Federal e os municípios devem "disponibilizar suas informações e dados contábeis, orçamentários e fiscais, conforme periodicidade, formato e sistema estabelecidos pelo órgão central de contabilidade da União, de forma a garantir a rastreabilidade, a comparabilidade e a publicidade dos dados coletados, os quais deverão ser divulgados em meio eletrônico de amplo acesso público."

Na sequência, a Emenda Constitucional nº 109 de 2021 elevou à categoria constitucional a exigência de mecanismos de monitoramento e avaliação das políticas públicas, cujos resultados alcançados devem ser considerados durante as fases do processo legislativo orçamentário. Isso reforça a necessidade de o Executivo estabelecer procedimentos para que os estados e municípios façam uso das plataformas nacionais para aplicação de recursos públicos federais.

A (tímida) operacionalização da Emenda Constitucional 108 apareceu na Lei de Diretrizes Orçamentárias (LDO) de 2023, segundo a qual os entes beneficiários dos recursos da União "deverão utilizar o Portal Nacional de Contratações Públicas (...) para o registro das contratações públicas realizadas" com recursos de emendas orçamentárias repassadas sob a forma de transferência especial. Ou seja, a operacionalização se aplica apenas à parcela de emendas individuais repassadas sob a forma de transferência especial "pix", isto é, que não tenha destinação específica.[36] Portanto, o regramento, ao se limitar às "emendas pix", não se aplica à outra metade das emendas orçamentárias individuais vinculada à saúde, às emendas de bancada estadual e às de comissão, que somam 70% das emendas orçamentárias da União.

Na prática, os recursos federais repassados a estados e municípios deveriam ser aplicados mediante compras centralizadas no Portal Nacional de Contratações Públicas. Feitas as compras, a prestação de contas deveria ser declarada no Transfere.gov. Ambos os sistemas estão sob a gestão atual do Ministério da Gestão e da Inovação (MGI). Com as informações centralizadas em duas plataformas, os órgãos do Executivo poderiam monitorar a aplicação e a eficiência alocativa dos recursos. O TCU poderia fazer auditorias mais sistemáticas sobre as emendas orçamentárias e expedir determinações e recomendações. E o Ministério Público Federal (MPF) estaria mais bem equipado para enfrentar problemas relativos às emendas orçamentárias. Por fim, organizações da sociedade civil teriam mais condição de acompanhar a alocação desses recursos.

Em agosto de 2023, o MPF enviou duas recomendações a quatro ministérios para adoção de medidas que garantam a transparência, rastreabilidade, compatibilidade e

---

[36] O Decreto 11.271, de 2022, regulamentado pela Portaria Interministerial nº 252, de 19/6/2020, estabelece normas de execução orçamentária e financeira da transferência especial sob a forma "pix" aos entes subnacionais decorrentes de emendas parlamentares individuais (art. 18).

controle dos recursos federais a estados e municípios na saúde – incluindo recursos de emendas orçamentárias. O MPF aponta que o valor das emendas orçamentárias individuais representa 7% de toda dotação do orçamento destinado à saúde (R$ 170.08 bilhões). Segundo o TCU, "a União não tem mecanismos eficazes de monitoramento, avaliação e controle da eficiência alocativa desses recursos."[37]

O TCU também tem se movimentado para fiscalizar as emendas "pix", ainda que a solução encontrada até o momento não seja ideal. Em agosto de 2023, o órgão anunciou estar trabalhando em uma instrução normativa,[38] que dividirá a tarefa de fiscalização entre o próprio TCU e os tribunais de contas estaduais. Enquanto o TCU fiscalizaria as condicionantes legais para a liberação das emendas[39], os tribunais de contas estaduais fiscalizariam a execução desses recursos. Há resistência no TCU a esse modelo porque a fiscalização da aplicação dos recursos ficaria com os tribunais estaduais, que não têm o mesmo grau de autonomia do TCU. A divisão fiscalizatória compromete o monitoramento e a avaliação da eficiência alocativa dessas emendas que financiam políticas públicas nacionais, prejudicando também o próprio planejamento do governo federal.

Aqui há uma janela de oportunidade para repensar as emendas orçamentárias e alinhá-las com as expectativas

---

[37] Ver o texto "MPF expede recomendações para garantir maior transparência, rastreabilidade, comparabilidade e controle de despesas públicas da área de saúde", Ministério Público Feral (MPF), 8 de agosto de 2023.

[38] Ver o texto "Instrução normativa permitirá fiscalização de emendas parlamentares, informa TCU", *Agência Senado*, 17 de agosto de 2023, disponível no *link*: https://www12.senado.leg.br/noticias/materias/2023/08/17/instrucao-normativa-permitira-fiscalizacao-de-emendas-parlamentares--informa-tcu. Acesso em: 25 de março de 2024.

[39] As condicionantes se referem à proibição para pagamento de pessoal ou dívida e a aplicação de 70% em investimentos.

legais. O gargalo está no poder Executivo, que deve orientar os estados e municípios a cumprir a lei e usar as plataformas mencionadas acima. Os incentivos existentes trabalham contra possíveis reformas neste caso: nem Executivo e nem Legislativo possuem interesse em ter seus recursos examinados ou auditados. E são justamente os políticos nas duas esferas de governo que podem fazer as mudanças necessárias para que a fiscalização sistemática seja viável.

Defendo que um dos pilares do processo de modernização do Legislativo seja a participação da sociedade civil. Não estamos acostumados a pensar no processo democrático como o que ele, de fato, é: um processo. Para a maioria das pessoas, ser cidadão significa votar a cada dois anos. Mas a democracia não se resume ao ato de votar e de escolher os nossos representantes. Ela acontece também (e, eu diria, principalmente) entre as eleições. Não se trata de acompanhar os pormenores do noticiário político todos os dias, mas de normalizar a participação política. De tratá-la como parte do que nos faz cidadãos.

No caso do Legislativo, a participação pode acontecer pelo contato com os parlamentares. No Brasil, o distrito eleitoral é o estado, que pode enviar três senadores até 70 deputados (no caso de São Paulo) ao Congresso. A natureza da representação política brasileira impõe uma relação distante com os nossos parlamentares, mas isso não é inevitável. Há ferramentas para acompanhar os mandatos parlamentares. O Observatório do Legislativo Brasileiro compila *rankings* que medem o grau com que deputados e senadores concordam ou discordam de propostas de alterações no *status quo* legislativo sobre mudanças climáticas, igualdade racial, ciência e tecnologia e direitos da infância e da adolescência. O Índice Legisla Brasil avalia a atuação parlamentar em quatro eixos: produção legislativa (elaboração, análise e votação de proposições), fiscalização (do Executivo), mobilização (articulação e cooperação com outros políticos) e alinhamento partidário (em relação à votação da maioria do partido).[40]

Munidos de informações como essas, podemos entrar em contato com deputados e senadores por redes sociais, e-mail e telefone. Cobrá-los sobre os assuntos que são importantes para nós. Pode parecer perda de tempo fazer isso: que diferença fará uma ligação ou um e-mail? Como quem já trabalhou em um gabinete legislativo, posso dizer: as equipes tomam nota das interações dos eleitores e as repassam aos parlamentares. Principalmente se os eleitores falam de assuntos sobre os quais há muita discussão no Congresso. Há também diversas organizações da sociedade civil dedicadas a pressioná-los por mudanças em áreas específicas das quais podemos fazer parte. Essas organizações podem fazer a mediação entre os cidadãos (que não necessariamente podem estar em Brasília) e os parlamentares.

Voltando à questão dos poderes excessivos dos presidentes da casa: somente os parlamentares podem promover mudanças que reduzam essa discrepância (já que alterações nos regimentos devem partir deles próprios). Por isso, é tão importante que jornalistas, acadêmicos e organizações da sociedade civil acompanhem o processo legislativo e apontem atropelos como os descritos acima. A pressão da sociedade civil pode servir como catalizadora de reformas que diminuam os poderes excessivos, principalmente os do presidente da Câmara dos Deputados.

---

[40] Os dois índices são limitados no sentido de que não captam todos os aspectos da função parlamentar. Recomendo ao leitor que use diversos índices em conjunto para avaliar o mandato do seu parlamentar.

No caso das emendas orçamentárias, há muita insatisfação na sociedade sobre o uso desses recursos por parte dos parlamentares (insatisfação, em parte, alimentada pela imprensa, que, como discutido anteriormente, cobre o assunto de maneira equivocada). Neste livro, tentei explicar o papel fundamental que essas ferramentas desempenham no sistema político brasileiro. O leitor que chegou até aqui e se interessa pelo assunto pode cobrar que o seu deputado ou senador tenham posicionamentos sobre as limitações às quais as emendas orçamentárias estão sujeitas no contexto atual. Adotar o discurso de que todo político é ladrão ou corrupto é o caminho fácil. O caminho difícil é participar (efetivamente) do sistema democrático.

Audiências públicas

As comissões são espaços nos quais se discute as proposições de lei, o que envolve a coleta de dados, a consulta de especialistas, representantes da sociedade civil e do governo e o próprio redesenho das proposições. No Brasil, também se aprova proposições de lei dentro das comissões. Isso torna ainda mais importante o papel das audiências públicas. São elas que permitem aos parlamentares coletarem dados e consultar os atores envolvidos na formulação de uma proposição de lei.

No Brasil (arrisco dizer que esse problema afeta legislativos mundo afora), é frequente ver as comissões servirem como palco para os parlamentares interessados em criar conteúdo para as suas redes sociais. Esse é um fenômeno decorrente do século 21: estamos cada vez mais conectados, o que leva os parlamentares a valorizar ferramentas como *Tik Tok*, *Facebook*, *Instagram* ou *Twitter*. A conexão com o eleitor tem se dado através dessas plataformas, por mais que o corpo-a-corpo nas bases eleitorais ainda exista.

O problema é que o tempo legislativo (como qualquer tempo) não é infinito. A quantidade de proposições de lei a serem analisadas será sempre maior do que a capacidade da instituição legislativa de analisá-las. No contexto brasileiro, temos um problema adicional: os poderes excessivos do presidente da Câmara, frequentemente inviabilizam o funcionamento das comissões naquela casa. As performances teatrais dos deputados e senadores nesses fóruns comprometem o processo legislativo como um todo, principalmente no Brasil, onde proposições podem ser transformadas em lei apenas após a análise em comissões.

No livro *Inside Congressional Committees – Function and Dysfunction in the Legislative Process*, publicado pela Columbia University Press em 2023, Mayba L. Kornberg argumenta que as audiências públicas nas comissões servem as seguintes funções para os parlamentares: deliberação, educação, performance e desenvolvimento de conexões. Quando uma das funções se sobrepõe às outras – no caso, a performance – o processo legislativo fica travado. Perde-se tempo com intervenções parlamentares cujos objetivos estão vinculados à função representativa do Congresso (que não deve ser exercida nesses fóruns; há outros espaços nos quais os parlamentares podem exercê-las, como as viagens que fazem às bases eleitorais).

Qualquer esforço de modernização do processo legislativo brasileiro deve repensar o papel das comissões na formulação de leis. Três perguntas devem ser respondidas. Primeiro, queremos comissões que desempenhem as funções apontadas por Kornberg? Em outras palavras: é crível esperar que as comissões tenham esse papel em uma sociedade na qual as interações no legislativo estão cada vez mais pautadas pelas redes sociais? Segundo, se decidirmos que essas funções ainda são desejáveis, as comissões estão efetivamente servindo às funções de deliberação, educação e desenvolvimento de conexões? Terceiro, e em caso negativo, quais reformas devem ser levadas a cabo para que isso aconteça?

Para além da incorporação de novas tecnologias, os esforços de modernização do Legislativo brasileiro devem inserir o Congresso no modelo de sociedade em que vivemos. A clareza sobre o processo legislativo que queremos para o século 21 deve servir de pressuposto para qualquer reforma nesse sentido – seja para repensar as comissões, o plenário e até mesmo o trabalho em gabinetes no que diz respeito ao contato com eleitores.

O Congresso e *amor mundi*

Como escrevi na seção de agradecimentos, este é um livro sobre o meu amor ao Legislativo. Clarice Lispector tem um conto chamado *Perdoando Deus*[41] no qual diz que só se ama verdadeiramente quando se soma as incompreensões (e não as compreensões). Amar, ela diz, não é fácil, porque exige amar o que é (e não o que se deseja que seja). Sempre pensei nesse texto de Clarice como a versão em ficção do argumento de Hannah Arendt sobre *amor mundi*. Amar o mundo significa assumir responsabilidade por ele – o que inclui salvá-lo da ruína. E para salvá-lo é preciso enxergá-lo como ele, de fato, é.

---

[41] O conto está no livro *Felicidade Clandestina*, publicada pela editora Rocco em 1971.

Foi esse exercício que tentei fazer neste livro: apresentar o Legislativo como ele é. Como assinalei ao longo do livro, o Congresso tem inúmeros problemas, como a corrupção, e outros autores se dedicam a investigá-los. O intuito deste livro é apresentar a estrutura e as funções do Congresso, ressaltando exemplos de funcionamento da instituição. O Legislativo brasileiro não é perfeito (se é que perfeição existe). Mas ele está de pé, funcionando, ainda que aos trancos e barrancos, e nos convidando a entendê-lo – para quiçá ajudar a aperfeiçoá-lo. Espero que este livro passe ao leitor um pouco do amor que me motiva a fazer isso.

Coleção MyNews Explica

MyNews Explica Evangélicos na Política Brasileira – Magali Cunha
MyNews Explica Eleições Brasileiras – Luis Felipe Salomão e Daniel Vianna Vargas
MyNews Explica Budismo – Heródoto Barbeiro
MyNews Explica Pesquisas Eleitorais – Denilde Holzhacker
MyNews Explica a Rússia Face ao Ocidente – Paulo Visentini
MyNews Explica Sistema Imunológico e Vacinas – Gustavo Cabral
MyNews Explica Como Morar Legalmente nos Estados Unidos – Rodrigo Lins
MyNews Explica o Diabo – Edin Sued Abumanssur
MyNews Explica Política nos EUA – Carlos Augusto Poggio
MyNews Explica Fake News na Política – Rodrigo Augusto Prando; Deysi Oliveira
MyNews Explica Exoplanetas – Salvador Nogueira
MyNews Explica Algoritmos – Nina da Hora
MyNews Explica Economia – Juliana Inhasz
MyNews Explica Buracos Negros – Thaisa Storchi Bergmann
MyNews Explica Como Ter Dinheiro Para Vida Toda – Mara Luquet
MyNews Explica Astronomia – Cássio Barbosa
MyNews Explica Negacionismo Científico – Estêvão Gamba e Sabine Righetti
MyNews Explica Tempos de Chumbo – Carolina Brito (Org.)

Próximos lançamentos

MyNews Explica Sistemas de Governo – Denilde Holzhacker
MyNews Explica Interculturalidade – Welder Lancieri Marchini
MyNews Explica Integralismo – Leandro Gonçalves; Odilon Caldeira Neto

MyNews Explica Comunismo e Socialismo – Rodrigo Prando
MyNews Explica a Inflação – André Braz
MyNews Explica Relações Internacionais – Guilherme Casarões
MyNews Explica Nacionalismo x Globalização: a polarização do nosso tempo – Daniel Souza e Tanguy Baghadadi
MyNews Explica HIV ou A Cura da Aids – Roberto Diaz
MyNews Explica Comportamento e Saúde Financeira – Jairo Bouer
Mynews Explica Galáxias Distantes – Ricardo Ogando
Mynews Explica Democracia – Creomar Souza
MyNews Explica Trabalho e Burnout – Jairo Bouer